国際社会人叢書
1

鈴木靖／法政大学国際文化学部 編

国境を越えるヒューマニズム

法政大学出版局

序　「国際社会人」をめざすあなたに

鈴木　靖

いまから二十年ほど前、アメリカで出版された一冊の本が世界に大きな衝撃を与えた。ハーバード大学の国際政治学者サミュエル・ハンティントンの『文明の衝突』である。この本の中でハンティントンは、冷戦体制が終焉した後、世界は民族や宗教など文化的アイデンティティの違いが惹き起こす「文明の衝突」の時代を迎えると予言したのである。

不幸なことに、彼の予言は当たってしまった。冷戦時代の「イデオロギー」という枠組みを失った世界は、民族や宗教の違いによって、昨日まで平和に暮らしていた隣人同士が、互いに反目しあい、ときに激しく対立しあう時代を迎えてしまったのである。

それは極東の島国に暮らす私たちにも無縁なことではない。歴史問題や領土問題が再燃するたびに吹き荒れるナショナリズムの嵐は、外交関係だけでなく、経済活動や文化交流にも深刻な影響を及ぼしている。

こうした混迷を深める国際社会の中にあって、文化を異にする人々と相互理解に基づく平和で豊かな互恵関係を築くことのできる人材は、社会のあらゆる分野において不可欠な存在となっている。法政大学はこうした社会と時代の新たな要請に応えるため、一九九九年、国際文化学部を開設した。そして、その人材育成の目標として掲げたのが、本叢書のタイトルである「国際社会人」である。

では、「国際社会人」とはどのような人材を指すのか。どのような能力や人格が求められるのか。その育成にはどのような意義があるのか。本書をご一読いただく前に、まずはこの三つの点について述べておきたい。

「国際社会人」とは

人間は生まれながらにして文化的アイデンティティを有しているわけではない。生まれたばかりの赤ん坊は、機械に例えればちょうど空っぽのコンピュータのようなもの。それが民族や宗教といった社会的ネットワークの中で文化情報を受信・選択・蓄積し、自らの文化的アイデンティティを作り上げていく。ところが、こうして形成された文化的アイデンティティは、ときに文化を異にする者に対して独善的で不寛容なふるまいをすることがある。「自民族中心主義（ethnocentrism）」と呼ばれるこうした不寛容さに付和雷同し、歴史の趨勢を読み誤ることが、いかに多くの不幸を生み出すかは、過去の歴史が多くの教訓を与えてくれている。

ところが、そんな時代の中にあっても、「人道、博愛、平等の精神に基づく行動により、国家、民族、宗教や時代の壁を超えて敬愛され」る人物[1]がいる。私たちはこうした人材を「国際社会人」と呼んでいる。

「国際社会人」に求められるもの

では、「国際社会人」になるためには、どのような能力や人格を身につける必要があるのだろうか。国際文化学部の英語名称であるFaculty of Intercultural Communicationが示すとおり、「国際社会人」の役割が異文化間の円滑なコミュニケーションにあることはいうまでもない。本学部が正規のカリキュラムの中に必修留学制度を設け、外国人留学生を除く学部生全員が二年生の後期（短期の場合は夏休み）に世界の七言語圏十カ国のいずれかの大学に留学するのも、等身大の異文化体験に裏打ちされた実践的なコミュニケーション能力を身につけるためである。また、ＩＣＴ（情報コミュニケーション技術）教育に力を入れているのも、現代のコミュニケーションの主要な媒体となり、国際世論にも大きな影響力をもつようになったこの技術についての理解を深め、創造的な活用を促すためである。

一方、人格形成の面で重視しているのが、「共感力（empathy）」である。「共感力」とは「他者の思考や感情を理解し、それに適切な感情をもって反応する能力」[2]を指す。文化を異にする人々の思考や感情を理解し、それに適切な感情をもって反応することは、異文化間のコミュニケーションを円滑にするばかりでなく、ときには国家や民族、宗教、さらには時代の壁を超えて高く評価されるような判断と行動を可能にすることがある。その一つの例が、本書に紹介する杉原千畝である。

第二次世界大戦中、ナチス・ドイツの支配下では、女性や子供を含む六百万人ものユダヤ系住民が命を奪われていた。そのドイツとの同盟締結を目前に控えた一九四〇年七月、リトアニアのカウナス領事館に赴任していた杉原は、ナチスの迫害を逃れてきたユダヤ系避難民の惨状に共感し、本国からの命令に背いてビザを発給したのである。

杉原は晩年、当時の心境をこう記している。

「最初の回訓［渡航条件を備えないユダヤ系避難民へのビザ発給を不許可とする本国からの命令］を受理した日は、一晩ぢゅう私は考えた。考えつくした。回訓を文字どおり民衆に伝えれば、そしてその通り実行すれば、私は本省に対し従順であるとしてほめられこそすれと私は考えた。」

杉原にも迷いがなかったわけではない。外交官である彼が、本国からの命令に背けば、昇進停止はおろか免職になる恐れもある。とはいえ、本国からの命令に従ってビザ発給を拒否すれば、目の前にいる避難民たちはどうなるのか。

「苦慮・煩悶の揚句《あげく》、私はついに人道博愛精神第一という結論を得た。そして私は、何も恐ることなく職を賭して忠実にこれを実行して見た。」

戦後、ホロコーストの責任者の一人として捕らえられ、イスラエルで処刑されたアドルフ・アイヒマンは、裁判の中で自らをこう弁護している。

「私はただ命令に従っただけだ。」

彼の言う通り、権威の命令がいかに人間の理性や感情を曇らせるかは、ユダヤ系アメリカ人の行動心理学者スタンレー・ミルグラムの実験によっても明らかになっている。[3] しかし杉原はユダヤ系避難民の立場に立って考えることにより、権威に盲従することなく、時代の評価に耐えうる行動をとることができたのである。

近年、オランダの動物行動学者フランス・ドゥ・ヴァール[4]やイギリスの発達心理学者サイモン・バロン＝コーエンらの研究によって、その重要性があらためて認識されるようになった「共感力」であるが、法政大学国際文化学部では、早くからこれを人材育成の重要な理念と位置づけてきたのである。

「国際社会人」の意義

では、「国際社会人」を育成することには、どのような意義があるのだろうか。その恰好の事例が本書に紹介する藤野厳九郎であろう。

歴史問題や領土問題が再燃するたびにデモや暴動の嵐が吹き荒れる中国。ところが中国の人々の心の中には二つの異なる日本人のイメージがあるという。一つは残虐非道な軍国主義者。もう一つは親切で生真面目な一般国民。戦後、中国政府は日本の軍国主義者と一般国民を区別することで両国民間の和解を図ることを対日外交の基本政策としてきた。そして、この政策に従って学校教育の場でも、戦時下の日本軍の残虐行為を伝える一方、一般国民の親切で生真面目な姿を学ばせることも忘れなかった。この後者の教材として使われたのが、魯迅の短編「藤野先生」である。

明治時代の末、日本に留学した魯迅は仙台医学専門学校（現在の東北大学医学部）で藤野厳九郎という教師に出会う。日清戦争後、中国蔑視の風潮が高まるなか、時代に流されることなく、誠意と熱意をもって指導に当たる藤野の姿に感動した魯迅は、二十年後、その思い出を「藤野先生」という作品として発表した。

中国では、建国後間もない一九五二年、この作品が初級中学（日本の中学校に当たる）の語文教科書に収録され、以来今日に至るまで六十年にわたって中学生の必読作品となっている。二〇一一年現在、中国全土で初級中学に在籍する生徒の数は五〇六七万人というから、いまも毎年一七〇〇万人近い若者たちがこの作品を通じて、魯迅が「わが師と仰ぐ人のなかで、もっとも私を感激させ、もっとも私を励ましてくれたひとり」と称えた日本人の姿を学んでいるのである。

「国際社会人」は必ずしも偉人伝に取り上げられるような偉大な業績を残した人物ばかりではない。しかし、その事績は私たちの気づかぬところで多くの恩恵をもたらしてくれているのである。

本書では、ここで取り上げた二人の人物をはじめ、私たちが手本とすべき計九名の「国際社会人」を紹介している。著作を通じて植民地支配の横暴と不正義を告発し、朝鮮民族への理解と連帯を訴えた中西伊之助。明治時代に日本に帰化し、知られざる日本の面影を世界に伝えたラフカディオ・ハーン。南北戦争前後のアメリカで奴隷たちの自由と解放のために生涯を捧げ、「黒人たちのモーセ」と呼ばれたハリエット・タブマン。グアテマラ内戦下の軍部の弾圧を生き抜き、差別と貧困に苦しむ先住民族の権利回復のために闘い続けるリゴベルタ・メンチュウ。戦争の悲惨さを目の当たりにし、敵味方の区別なく救護に当たる赤十字社を創設したアンリ・デュナン。言語の違いが惹き起こす民族間の差別や対立をなくすため、中立的な人工言語であるエスペラントを創案したルドビコ・ザメンホフ。ソ連時代に反体制派を擁護して国外追放となりながらも、自らの良心に従い行動し続けた音楽家ムスティスラフ・ロストロポーヴィチ。

これらの人物の事績からは、国際社会が抱えるさまざまな問題を、当事者の視点から追体験することができるとともに、私たちが同様の問題に直面したとき、どのように判断し、行動すべきかを考えることができよう。

本書をきっかけとして、一人でも多くの「国際社会人」が育ってくれるとすれば、執筆者一同にとって望外の喜びである。

（法政大学国際文化学部長）

注

（1）この叢書を刊行するに当たり、本学部では人材育成の目標に掲げる「国際社会人」をこう定義することにした。
（2）Simon Baron-Cohen, *The Science of Evil: On Empathy and the Origins of Cruelty*, Basic Books, 2011, p. 16.（未邦訳）
（3）スタンレー・ミルグラム『服従の心理』山形浩生訳、河出書房新社、二〇〇八年。
（4）フランス・ドゥ・ヴァール『共感の時代へ——動物行動学が教えてくれること』柴田裕之訳、紀伊國屋書店、二〇一〇年。

本書の装丁は、二〇〇六年まで法政大学国際文化学部で教鞭を執られた名誉教授の司修氏によるものです。

国際社会人叢書1

国境を越えるヒューマニズム◉目次

第1章

藤野厳九郎（1874-1945）

歴史の〈ねじれ〉を越えた〈正気《せいき》〉

大石智良

藤野厳九郎《ふじのげんくろう》は、中国近代文学の祖魯迅《ルーシュン》（一八八一―一九三六）が二十世紀はじめに日本に留学し仙台医学専門学校に学んださい、熱心に指導したひとりの教授である。魯迅が後に「藤野先生」と題する短編を書いて、その名を世にあらわした。

留学生魯迅はやがて医学から文学に転身した。きっかけは、中国の現在的課題を浮かび上がらせた、ある〝原風景〟を見たことだ。藤野は魯迅にとってもっとも身近な日本人だった。しかし、魯迅の見た〝原風景〟にはまったく気づかなかったし、かれがなぜ医学を捨てるにいたったのか想像もつかなかった。藤野はただ、ひどく落胆し、別れを惜しんだだけだ。

それでは、魯迅に「藤野先生」を書かせたものは、いったい藤野の何だったのか。

1　藤野厳九郎記念館と「孝経」の掛け軸

二〇〇〇年秋、私は福井県芦原《あわら》町に藤野厳九郎記念館を訪ねた。

それは京福電鉄の芦原湯町《あわらゆのまち》駅から真北へ徒歩二十分ほどの街はずれにあった。一九八三年、藤野厳九郎の故郷芦原町と魯迅の故郷浙江省紹興《シャオシン》市が友好都市の関係を結んだのを機に、芦原町の隣町三国《みくに》にあった藤野最晩年の旧居を遺族から寄贈され、翌八四年に、記念館として現在の場所に移築したのだという。

まずは別棟の資料展示室をのぞいてみた。生前の蔵書、医療器具、書簡など、展示品はどれも興味深いものばかりだったが、私が特に眼を引かれたのは家系図とその関連資料、また家庭教育にかかわる遺品であった。

藤野家は代々医者であり、祖父、父ともに蘭学を学んだ経歴を持つとは聞いていた。が、幕末に福井藩から典医として招かれたのを藤野家では固辞して郷里の農村医療に力を注いだとは、ここに来てはじめて知った。志はいわゆる「在村の蘭学者」にあったとの見方も出ている。藤野厳九郎はそんな家の三男であった。

蘭学医の家系だからといって藤野の受けた家庭教育が洋学中心だったわけではなく、むしろ漢学中心だったこともはっきりした。少年時代は学校の公教育のほかに、家庭で「孝経」「大学」を素読《そどく》し、九歳で父を亡くしてからは野坂源三郎という元福井藩士の漢学私塾で四書五経を学んでいる。これらが藤野の素養の根幹をつくったといっていい。かれが西洋医学の道に進んだのは十八歳で愛知医学校に入学してからのことである。

自分の子ふたりには小学校時代から漢学の基礎を授け、あわせて英語とフランス語を教えている。漢学と洋学とは生涯にわたる教養として藤野のなかで共存していたわけである。ごく一般的な明治の教養人であった。

資料室でそんなことを確認した上で記念館に入った。

床の間にかけられた「孝経」

質素な木造二階家である。玄関の間からすぐ正面に階段が見え、その右が台所の板の間と水場になっている。藤野はよく晩酌の肴に、好物のイカをみずからさばいたというが、ここでやっていたのだろうか。

さて、階段を上がり二階の八畳の間に入ったときである。床の間にかかっていた掛け軸が異様な光を放って眼に飛び込んできた。なんと「孝経」の全文が（と思われた）篆書《てんしょ》でびっしりと書き込まれているではないか。

こんなものがあったとは。藤野厳九郎の儒教への思いは半端ではない。私は一種のショックを受け、掛け軸に対面してしばらく動けなかった。

子いわく、それ孝は徳の本《もと》なり、教えのよって生ずる所なり……。
身体髪膚《はっぷ》これを父母に受く、敢えて毀傷《きしょう》せざるは孝の始めなり。身を立て道を行い、名を後世に揚げ、以って父母を顕《あらわ》すは孝の終わりなり。それ孝は親に事《つか》うるに始まり、君に事うるに中《ちゅう》し、身を立つるに終わる……。

「孝経」とは作者不詳ながら、孝が道徳の根本であり政治の要諦であるとする、儒教の根本にかかわる倫理思想を簡潔に述べたテキストである。日本でも古来、士人の必修文献のひとつとして重視されてきた。

掛け軸に添えられた説明文には、「厳九郎在世中、現在のように懸けられていた。厳九郎は二人の令息に毎朝その前で孝経を読唱させた」とある。

その掛け軸をにらみながら、私の想いは仙台時代の藤野と魯迅の出会い、そして別れのドラマへと飛んだ。

2　藤野のノート添削と魯迅の見た〝原風景〟

魯迅は一九〇二（明治三十五）年四月に渡日。東京の弘文学院で二年間日本語などの予備教育を受けたあと、〇四年九月、仙台医学専門学校に入学した。短編「藤野先生」(1)によれば、ふたりの出会いはこんなふうに始まった。藤野三十歳、魯迅二十三歳の折である。

藤野は自分の担当する解剖学の講義が中国人留学生には満足に筆記できないのではないかと心配して、魯迅に毎週ノートを提出させ、朱筆を入れて返した。もちろん筆記の不足を補い、誤りを正したのである。

それは講義のあるあいだ途切れることなくつづけられた。藤野の筆の入れ方は、解剖図といい講義文といい、一点一角もゆるがせにしない厳密なものだった。その厳しい情熱に、魯迅は一種の不安を覚え、また感激に襲われもした。

ふたりを結びつけたものはそれだけではない。

時は日露戦争（一九〇四―〇五年）のさなか、日本中がその成り行きを注視し、勝ち戦に酔っていた。そのなかで魯迅にひとつの事件が持ち上がった。先生の手でノートに印をつけてもらったから、あらかじめ出題が分かり、解剖学の試験でいい点が取れたのだ――そんな疑いを、同級生の一部からかけられたのである。藤野が魯迅のノートを見てやったことが招いた、あらぬ疑いである。

1904年当時の魯迅

それは結局、藤野と数人の心ある同級生の努力で消えたが、魯迅に深い傷となって残ったのはいうまでもない。かれは作品のなかで書いている。

「中国は弱国であり、したがって中国人は当然に低能だから、自分の力で六十点以上とれるはずがない、こうかれらが疑ったとしても無理はない[2]」

爆発する怒りではない。屈辱を噛みしめながらじっと堪える、それだけ深く重い怒りである。

そこにもうひとつ「事件」が重なった。

細菌学の授業ではしばしば幻灯が使われ、残り時間があると、よくニュースのスライドが映された。日本がロシアに勝った場面ばかりだったが、そこにひょっこり中国人が登場した。

「ロシア軍のスパイとして日本軍に捕えられ、銃殺される場面である。それを取り巻いて見物している群衆も中国人だった」

それは魯迅にとってあまりに衝撃的な映像だった。それを見ている自分もそのなかに組み込まれていると気づかざるを得ない、決定的な意味をもつ構図がそこには見えた。かれは書いている。

「もうひとり、教室には私がいる。

『万歳！』万雷の拍手と歓声だ。いつも歓声はスライド一枚ごとにあがるが、私としては、このときの歓声ほど耳にこたえたものはなかった」

そして、このくだりのしめくくりはこうである。

「のちに中国に帰ってからも、囚人が銃殺されるのをのんびり見物している人々がきまって酔ったように喝采するのを見た――ああ、施す手なし！　だがこの時この場所で私の考えは変った」

銃殺される中国人、それを見物する中国人、異邦でそのスライドを見るもうひとりの中国人である自分――三者が織り成す構図は、屈辱にまみれた個と民族の現在的ありようを凝縮している。そこに中国と中国人が抱える根源的な課題を見出したとき、その構図は生涯消えることのない〝原風景〟として、魯迅の心に刻み込まれた。

そして、その根源的課題をトータルに扱えるものは医学ではない、そう悟ったとき、以前から魅力を感じていた西洋近代の文学・思想が、新たな意味を持って浮かび上がってきた。

入学から一年半後の一九〇六（明治三十九）年三月、かれは仙台と藤野に別れを告げ、東京の中国人留学生社会のなかにもどって行った。

3　福澤と魯迅――日中両国の啓蒙思想家と儒教

日露戦争の時代、日本には中国人に対する両様の態度があった。ひとつは藤野が見せた懇切な態度であり、もうひとつは魯迅の同級生の一部が見せた侮蔑の態度である。

藤野にとって魯迅はおそらく初めて接した生身の中国人であったが、少年時代から漢学に親しんでいたため、初めから敬意と親近感を持っていたようだ。かれは魯迅死去の報に接した翌年に、「謹んで周樹人［魯迅の本名］様を憶ふ」(3)という一文を雑誌『文学案内』（一九三七年三月号）に寄せている。そこで魯迅を仙台医学専門学校に迎えた際の気構えをこう回想している。

「支那の先賢を尊敬すると同時に、彼《か》の国の人を大切にしなければならないという気持がありました」

いうまでもなく、中国は日本にとって文化の先進国であった。歴史的に恩恵をこうむってきたとの思いが藤野のなかに脈打っていたから、中国人留学生に対する懇切な指導はごく自然に行なわれたのであろう。

それでは、同級生たちのなかの侮蔑の態度はどこから生まれたのか。同じ文のなかで藤野は書いている。

「周さんの来られた頃は日清戦争の後で相当の年数も経っているにもかかわらず、悲しいことに、日本人がまだ支那人をチャンチャン坊主といい罵り、悪口をいう風のある頃でしたから、同級生の中にもこんな連中がいて何かと周さんを白眼視し除け者にした模様があったのです」

日露戦争より十年前の日清戦争（一八九四―九五年）の勝利が中国人に対する日本人の態度をどう変えたか、その変化が同時代人の言葉によって簡潔かつ具体的に表現されている。

この表現との関連でただちに思い起こされるのは、日清戦争よりさらに十年前に福澤諭吉（一八三四―一九〇一）が書いた有名な論説「脱亜論」(4)（一八八五年）である。そのなかで福澤は日本と中国・朝鮮を比較してこう言い切っている。

「わが日本の国土はアジアの東辺に在りといえども、その国民の精神はすでにアジアの固陋《ころう》を脱して西洋の文明に移りたり。しかるにここに不幸なるは近隣に国あり、一を支那といい、一を朝鮮という」

福澤は文明の名において中国・朝鮮を「アジア東方の悪友」と決めつけ、日本は「その伍を脱して西洋の文明国と進退を共にし、［…］西洋人がこれに接するの風に従って処分すべきのみ」とした。「脱亜論」は日本型文明開化のための簡明直截なシナリオであり、日清戦争、日露戦争と、その後に日本が歩んだ道程をものの見事に予告していた。

仙台医学専門学校で魯迅の同級生の一部が見せた中国人に対する侮蔑の態度は、日本が福澤の描いたシナリオどおりに歩んだ結果にほかならなかった。他方、中国人留学生に対する藤野の懇切な態度は、当時の日本でも、古来中国文化を先進的なものとして受け容れてきた歴史の流れが西洋化の波に呑み尽くされることなく生きつづけていたことを物語っている。

しかし、一方に藤野の象徴する流れを置き、もう一方に福澤の代表する流れを置いて魯迅との関係を見るとき、前者は親密と共感、後者は疎遠と反発を招いたなどといえるほど、事態は単純ではない。藤野は一九三七年、仙台時代の魯迅に関する問い合わせの手紙にこう答えている。

「親に孝養、忠君愛国と申す念慮は皇国本来の特産品であるかも知れず候えども、隣邦儒教の刺激感化を受けし事、又少なからざる様に思われ候えば、如何なる事情あるにせよ彼は道徳的先進国として敬意を表するが大事、親切になし丁寧に導くが彼に対する唯一の武器と思い居り候うため、周さんだけを可愛がった訳ではありません[5]」

藤野が「道徳的先進国」といったその先進性とは、主として儒教を指しているのはいうまでもない。少年時代に家庭で、また漢学塾で学んだものが生きていて、それが中国人留学生に対して懇切な態度を取らせた最大のものであった。

ところが当の魯迅はといえば、本国における儒教のあり方を根本から否定する立場を取っていた。歴史は時にとんでもない〈ねじれ〉方をするものである。魯迅が福澤の「脱亜論」を読んだとは思えないが、仮に読んだとしたら共鳴するところが多分にあったにちがいない。特に次のような隣国批判の一節などは、時代は下るが五・四運動（一九一九年）前後に魯迅が展開した儒教批判の激しさにそのまま通ずるといっていいほどである（もちろん魯迅の言論に朝鮮批判があったわけではないが）。

「この文明日新の活劇場に教育の事を論ずれば儒教主義といい、学校の教育は仁義礼智と称し、一より十に至るまで外見の虚飾のみを事として、その実際においては真理原則の知見なきのみか、道徳さえ地を払うて残刻不廉恥を極め、なお傲然として自省の念なき者のごとし。我輩をもってこの二国［中国、朝鮮］を視れば、今の文明東漸の風潮に際し、とてもその独立を維持するの道あるべからず」

福澤と魯迅は、ともに東アジアに近代思想の領域を開いた啓蒙思想家として、多くの共通点を持っている。福澤は「門閥制度は親の敵《かたき》で御座る[6]」と中津藩の身分制度に愛想をつかして長崎に遊学し、西洋の文明に目を開いた。魯迅は士大夫階級に属する家の没落とともに「世のいつわらぬ姿[7]」を見せつけられて異郷南京に飛び出し、洋学の魅力に目覚めた。結果、渡日して東京、果ては仙台にまでたどり着いたのである。そんな青年期の道行きは、必然的に、両者を徹底的な反封建主義＝反儒教へと導いた。もちろん西洋文明理解の深さにおいても、共通するところを多分に具えている。

それにもかかわらず、両者に本質的な違いがあったのもまた当然であった。福澤は儒教を文明開化の時代にそぐわぬものとして古着のごとく脱ぎ捨て、それに「惑溺」する「悪友」は「謝絶」して「処分」すれば良しとする立場を取ることができた。しかし魯迅は福澤のシナリオによって「謝絶」され「処分」されるべき隣国の留学生である。魯迅の啓蒙主義は、堕落した儒教が骨がらみになって苦しんでいる、個と民族を根本から変える力を持つものでなければならなかった。魯迅にとって中国の課題は、古着を脱ぎ捨て新品の服に着替えればすむような、生易しいものではなかったのである。

福澤と魯迅――日中両国近代の啓蒙思想家は多くの共通点を持ちながら、根本的に異なる位相にあった。これも日本と中国の近代の質の違いから来る、歴史の〈ねじれ〉のあらわれといっていい。

福澤は日清戦争に勝ったとき、「官民一致の勝利、愉快ともありがたいとも言いようがない[8]」と手放しの喜びようであった。「脱亜論」の作者として当然の成り行きだが、このとき福澤の啓蒙主義は魯迅とはまったく無縁なものになっていたというしかない。

それから十年後、日露戦争勝利の余韻に酔う仙台で、中国の啓蒙思想家魯迅が人知れず誕生した。そこに藤野がからんだわけだが、奇しくも藤野の父昇八郎（一八二二―八二）は福澤と緒方洪庵適塾の同門であった。これもまた歴史の皮肉というべきかもしれない。

4　藤野の何が「藤野先生」を書かせたのか

藤野は一中国人留学生の転身の意味を知るよしもなかった。かれはひどく落胆したが、それを口に出すことはなかった。ただ、裏に「惜別」と書いた自分の写真を贈って別れの記念とし、その後は特にこの留学生を思い出すこともなかったようだ。

いっぽう東京に舞い戻った魯迅は、当時、革命運動の新しい流れをつくっていた中国人留学生社会のなかで、一種の文学・思想革命運動を試みた。しかし、理念が新し過ぎたため周囲の理解が得られず、運動は失敗した。一九〇九年、かれは失意のうちに帰国した。

しかし、帰国してからも魯迅は決して藤野を忘れなかった。そして、藤野と別れて実に二十年後の一九二六年に「藤野先生」を書いたのである。いったい藤野厳九郎の何が、魯迅にそうさせたのか。

魯迅は作品の末尾近くで書いている。

「わが師と仰ぐ人のなかで、かれはもっとも私を感激させ、もっとも私を励ましてくれたひとりだ。私はよく考える。かれが私に熱烈な期待をかけ、辛抱づよく教えてくれたこと、それは小さくいえば中国のためである。中国に新しい医学の生まれることを期待したのだ。大きくいえば学術のためである。新しい医学が中国に伝わることを期待したのだ。私の眼から見て、また私の心において、かれは偉大な人格である。その姓名を知る人がよし少ないにせよ」

藤野が新しい医学の教育者として、また伝道者として偉大だったと強調している。それはそれで実に分かりやすい説明である。一年半にわたって一留学生のノートに筆を入れつづけた根気と厳格さの根底に、新しい医学教育にたずさわる者の並々ならぬ情熱を見た。さらに筆の入れ方の厳密さにいたっては、たとえば魯迅が卒業後に教壇に立つようなことがあれば、ただちに講義ノートに使えるほど徹底したものだった。そのすべてが魯迅に一種の不安と感激を覚えさせた。それもその通りであろう。

しかし私には、二十年の歳月を経てなお忘れられず作品化する理由としては、それだけではなにか物足りなさが残る。言い換えれば、作品にもうひとつしっくりと腑に落ちる説得力（リアリティ）が欲しいのだ。でないと、このくだりなどは表現としていくぶん大仰な感じさえあるのを否めない。

当の藤野も自分が「唯一の恩師」であるかのごとく書かれていると知ったときは、意外さを感じたようである。前掲の「謹んで周樹人様を思ふ」の中では、「ただノートを少し見てあげた位のものと思いますが、私にも不思議です」と書いている。

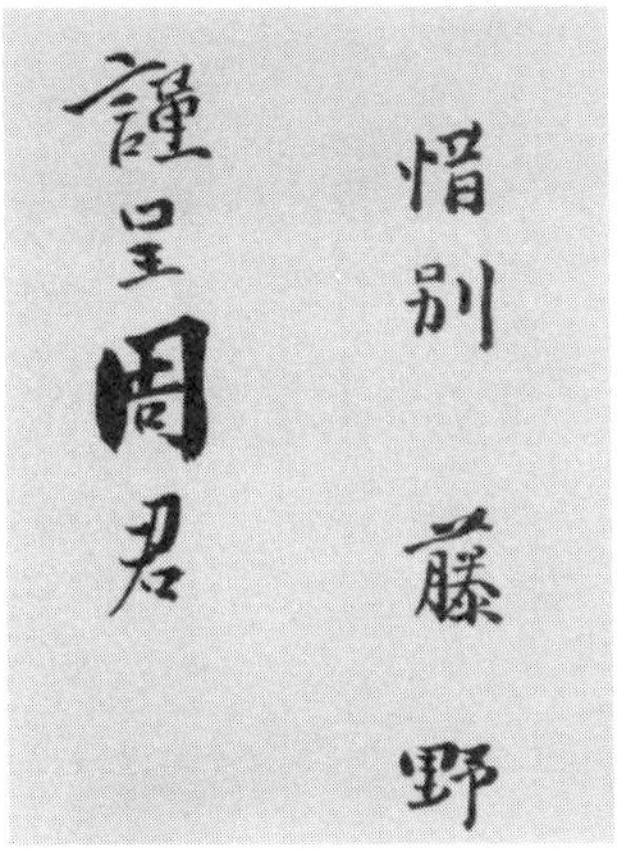

藤野厳九郎が魯迅に贈った写真
（本章扉に掲載）の裏側

藤野が思い当たることといえば、やはり儒教だ。すなわち、「支那の先賢を尊敬すると同時に、かの国の人を大切にしなければならないという気持がありましたので、これが周さんに特に親切だとか有難いという風に考えられたのでしょう」との一点である。儒教と懇切な態度とをストレートに結びつけたわけだが、藤野がセルフ・イメージとしてそう考えたのもごく自然な成り行きであったといえよう。

しかし魯迅は、来日当初在学した東京の弘文学院でのある体験をこう回想している。

「ある日の事である。学監大久保先生が皆を集めて言うには、君達は皆な孔子の徒だから今日はお茶の水の孔子廟へ敬礼しに行こうと。自分は大いに驚いた。孔子様と其の徒に愛想尽かしてしまったから日本へ来たのに、又おがむ事かと思ってしばらく変な気持になった事を記憶している。そうして斯様《かやう》な感じをしたものは決して自分一人でなかったと思う(9)」

藤野の儒教がそのような魯迅にじかに通じたとはとうてい思えない。

それでは、二十年という歳月の経過とともに、魯迅の内側で、藤野という人格の理想化あるいは美化が起こったとでもいうのだろうか。いや、魯迅は人を簡単に理想化したり美化したりする作家ではない。たとえ師の熱い期待を裏切った負い目がどれほど大きかったとしても。

藤野との交流をあのように作品化するにいたった決定的なものが、他に何かあったはずだが、それが私にはなかなかつかめない。だから、残された資料からうかがえるいわば「実在の藤野」と作品「藤野先生」とのあいだに、どこかしっくりしない違和感がいつまでもつきまとうのだ。

留学生魯迅にあれほどまでに深く印象づけたものは、けっきょく藤野の何だったのか。

5　歴史の〈ねじれ〉を越えて通わせた〈正気《せいき》〉

やがて仙台医学専門学校は東北帝国大学医学専門部に改組された。一九一五年、それがさらに東北帝国大学医科大学に改組されたとき、藤野は学歴・業績の上で教授の資格不十分とされた者のひとりに数えられ、退職を余儀なくされた。その後いったんは東京に職を得たが、それも長くはつづかず、一九一七（大正六）年、四十三歳で郷里にもどり開業医になった。

郷里での暮らしは恵まれなかったらしい。かれは三男であり、貧しい田舎町で本家医院と共存するのはどだい無理があったとの説がある。

最晩年の十一年間を過ごした三国は、江戸時代後期から明治半ばにかけて、日本海から瀬戸内海を舞台とする北前船交易によって繁栄した港町である。しかし、その繁栄は一八九七年に鉄道北陸線が開通するまでであった。それ以後は商港としての力を急速に失い、底引網漁を中心とする漁港への転換を余儀なくされた。

そんな環境のなか、藤野の内なる儒教は時流に流されることなく、生涯保ちつづけられた。一九三七（昭和十二）年、日中戦争が大陸への全面侵攻にまで拡大すると、かれは身近な者によく、「中国は日本に文化を教えてくれた先生だ。こんな戦争は早くやめなければならない」と語っていたという。明治以来の「脱亜」の風潮に同調しなかったのはもちろん、昭和の「聖戦」という名の侵略戦争にも流されなかった。

藤野の儒教への思いはやはり半端ではない。

……と、ふたりが織りなすドラマへの想いがそこまで及んだときである。掛け軸の「孝経」の最後に近い箇所に、「諫争《かんそう》」について説いたくだりがあるのが眼に止まった。

むかし天子、争臣七人あれば、無道といえども天下を失わず。諸侯、争臣五人あれば、無道といえどもその国を失わず。［…］父、争子あればすなわち不義に陥らず。故に不義に当たればすなわち、子以って父に争わざるべからず、臣以って君に争わざるべからず……。

天子でも諸侯でも父親でも、上に立つ者が「不義」の誤りを犯したときは、下の者がこれと争って諫めよ、それも「孝」であるというのだ。これは……？　なにか胸にひびくものがあった。日中戦争に対して藤野が痛切に「不義」を感じ取り、「諫争」の気を醸していたのは間違いない。それは仙台時代、中国蔑視の風潮が蔓延しているなかで、中国人留学生になんの偏見もなく接することを可能にしたのと同じものである。

儒教に対する思いにおいて、藤野と魯迅は嚙み合うものをほとんど持たなかったはずである。しかし、藤野が儒教から汲み取って己のものとし、人生を最後まで時流に媚びることなく歩みとおす力としたものがあった。それこそが留学生魯迅を感激させ、終生忘れられない人物にした当のものではなかったか。「孝経」のこのくだりは藤野の気骨の一端を示しているのではないか。

特別な人物の、特別な思想というわけではない。田舎町の一開業医だった藤野の気骨——それをいったい何と呼べばいいのだろう。

頑固？　そう、藤野にはたしかに、不器用なまでに頑固な一面があった。仙台医学専門学校時代、担当科目のテストで学生に容易に合格点を与えなかったことはよく知られている。魯迅に対しても、一、二学期に合格点を与えながら、学年末には不合格とした。医学ノートの添削など指導の上で見せた厳格さを、成績評価でも頑固に貫いたのだ。おそらく、「きみは中国に新しい医学を伝える立場なのだから、十全な成績をあげてから帰国しなさい」との含みであったろう。

文明開化の時代に「孝経」を墨守して離さなかったこと自体、頑固といえばいえよう。しかし、魯迅が藤野に見たものは単なる頑固さではない。頑固さと隣り合わせにある他のなにか……。〈正気《せいき》〉――普段思い浮かべることのない言葉が不意に浮かんだ。天地に恥じぬ「正大の気」などという。現代人にはやや捉えにくい概念だが、ここでは仮にこう解釈しておこう。すなわち、時代の課題に正面から向き合い、判断と実践において最善をつくす精神、そしてそれに見合うだけの揺るがぬ気迫、と。権力や時流に媚びないのはいうまでもない。決して容易なことではないが、藤野はそのような〈正気〉をごく自然なものとして身に具え、魯迅のノートの添削にも、試験問題漏洩疑惑事件の処理にもそれを貫いたのだ。

そして藤野の〈正気〉は、歴史のさまざまな〈ねじれ〉を越え、儒教に対する態度の違いを越えて、魯迅の〈正気〉によって確実に受け止められていたのではないか。今では失われて久しい気骨ある明治人の〈正気〉、それは留学生魯迅にとってどんなに貴重なものだったか。いや、それは権力への激しい抗いのただ中にあった二十年後の魯迅にとって、さらに貴重なものだったにちがいない。

「藤野先生」最後の段落はこうである。

「かれの写真だけは今でも北京のわが寓居の東の壁に、机のむかいに掛けてある。夜ごと仕事に倦んでなまけたくなるとき、顔をあげて灯のもとに色の黒い、痩せたかれの顔が、いまにも節をつけた口調で語り出しそうなのを見ると、たちまち良心がよびもどされ、勇気も加わる。そこで一服たばこを吸って、『正人君子』たちから忌みきらわれる文章を書きつぐことになる」

仙台時代、師が期待し自分が断念したものの大きさを量りつつ、それを現在における文学的営みへの励みとしている。ふたりのあいだに二十年後もなお通い合う〈正気〉——そこに思い至ったとたん、作品「藤野先生」に対する長年にわたる違和感は、私のなかでふっと消えたように思った。先のあのくだりもこのくだりも実は大仰でもなんでもない、魯迅にすればごく自然な表現だった。それを長年違和としてしか感じられなかったのは、明治の一教養人が具えた気骨に対する、私の無理解にほかならなかったのだ。

そう気づいたとき、魯迅最晩年の次のエピソードもいっそう重みのあるものになった。

一九三五年、岩波文庫『魯迅選集』(佐藤春夫・増田渉訳)が出版された。日本と中国の関係がいよいよ抜差しならなくなったころである。その編訳作業の過程で増田渉が魯迅に、選集にどんな作品を入れるべきか打診したところ、かれは「[あなたの]全権にてやりなさい。[…]しかし『藤野先生』だけは訳して入れたい」[10]と答えた。これについて増田は、藤野の消息を知りたかったからだろうと推測した。

一九三六年七月、増田が死期迫る病床の魯迅を見舞ったとき、魯迅は「選集が出ても何の消息も聞かれないところを見ると、藤野先生はもう亡くなったのかもしれない、と残念そうな顔で語った」[11]という。

それから三カ月。一九三六年十月十九日、魯迅は大小権力への激しい抗いのうちに五十六年の生涯を閉じた。藤野の存在が世に知られるようになったのは、魯迅の死が日本のジャーナリズムに大きく取り上げられてからであった。

藤野厳九郎「惜別」の碑

さらに九年が過ぎて、一九四五（昭和二十）年八月十日――日本敗戦五日前の夕刻、藤野は往診の途中、県道沿いの農家の垣根にうずくまるように倒れた。すぐに、近くの親しい知人の家に担ぎ込まれたが、翌十一日朝、息を引き取った。倒れた日は猛暑で、服装はカンカン帽に白い浴衣を着て下にステテコをはき、たてゴザ姿であったという（たてゴザは農作業用雨具。日よけ用にまとったか）。身なりにかまわぬところも、魯迅が描いた仙台時代とすこしも変わらなかったようだ。享年七十一。

記念館を訪ねた翌日、一九六四年に福井市の足羽山《あすわやま》公園に建てられたという「惜別」の碑を訪ねた。

小高い足羽山山頂への道をたどりながら、行き会った中年の男性市民ふたりに碑の在り処をたずねた。ふたりとも藤野厳九郎の名を知らなかったが、近くに福井県自然史博物館があるからそこで聞けといって案内してくれた。館員にたずねると、ほど遠からぬところだという。教えられたとおり道をたどっていくと、それは散策路から一段上がった、潅木の茂みに囲まれてあった。

碑は落ち着きのあるたたずまいだった。高さ一メートル余の石碑中央に藤野のレリーフが刻まれていた。その顔が戸惑っているように見えた。

べつにたいしたことをしたわけでもないのに、友好都市だの、記念館だの……。おまえは〈正気〉ときたか、いやはや……。

そんなつぶやきが漏れてくるような表情がひどく好ましかった。

■注

(1) 雑誌『莽原』一九二六年十二月十日号に発表。後に、回想記風作品集『朝花夕拾』(一九二八年)に収める。

(2) 「藤野先生」の訳文は竹内好訳『魯迅文集』2、ちくま文庫、一九九一年、一五六―一六三頁による。以下同じ。

(3) 『仙台における魯迅の記録』平凡社、一九七八年、三七一―三七三頁。

(4) 石河幹明編『続福澤全集』第二巻、岩波書店、一九三三年、四〇―四二頁。

(5) 前掲『仙台における魯迅の記録』所収「小林茂雄氏あての藤野先生の手紙」、二九七頁。

(6) 福沢諭吉『福翁自伝』岩波文庫、一九七八年、一五頁。

(7) 魯迅『吶喊《とっかん》』の「自序」(一九二二年)。訳文は竹内好訳『阿Q正伝・狂人日記』岩波文庫、一九八一年、八頁による。
（8）前掲『福翁自伝』、三九〇頁。
（9）雑誌『改造』一九三五年六月号に日文で寄せた「現代支那に於ける孔子様」。引用は『魯迅文集』6、ちくま文庫、一九九一年、一七二頁による。
（10）増田渉『魯迅の印象』角川選書、一九七〇年、一八〇頁。
（11）同前、二五三頁。

■推薦図書

仙台における魯迅の記録を調べる会編『仙台における魯迅の記録』平凡社、一九七八年

仙台時代の藤野と魯迅が置かれた境遇、また二人の関係を考えるとき、欠かすことのできない第一級の基本資料集。四三〇頁余の大冊で、藤野に関する資料探索は、仙台を離れた後の医業、さらに没後の「惜別」の碑建立にまで及んでいる。

坪田忠兵衛『郷土の藤野厳九郎先生』藤野厳九郎先生顕彰会、一九八一年

六〇頁ほどの小冊ながら、郷土ならではの証言、資料が盛り込まれている。

「藤野先生と魯迅」刊行委員会編『藤野先生と魯迅——惜別百年』東北大学出版会、二〇〇七年

藤野が筆を入れた魯迅の医学ノートは、その後中国で電子複製版が出され、二〇〇五年に北京の魯迅博物館から東北大学に寄贈された。それを機に、同大学の研究チームの手で、ノート添削の解読、分析が本格的に進められるようになった。その成果の一部がノートの画像とともに本書に盛り込まれ、藤野の添削の意味がより鮮明になった。

魯迅『吶喊』（邦訳には岩波文庫『阿Q正伝・狂人日記』等がある）の「自序」

「藤野先生」と並び、魯迅が仙台で見た〝原風景〟を考える上で必読の文献。魯迅自身の生い立ちから処女作にいたるまでの心の軌跡を簡潔に描いた、魯迅文学入門編でもある。

■関連情報

＊藤野厳九郎記念館

三国町にあった旧居を遺族から寄贈され、一九八四年、芦原町文化会館横に記念館として移築し、資料展示室を併設。

二〇一一年、町の中心部に当たるあわら温泉湯のまち広場に移設した。藤野厳九郎についての基本知識が得られる。

＊「惜別」の碑

藤野厳九郎と魯迅の人間交流を記念して、一九六四年、福井市の足羽山《あすわやま》公園に建てられた石碑。

〔付記〕本編は拙稿「歴史の〈ねじれ〉と〈正気〉――藤野厳九郎記念館にて」（法政大学国際文化学部発行『異文化』2、二〇〇一年四月刊）に、その後の知見を盛り込むなど、部分的に手を入れたものです。また、今回、読みやすさを考慮して、藤野厳九郎の手紙など引用資料の字遣いを若干あらためたことをお断りします。

二〇一三年一月

第2章

中西伊之助（1887–1958）

支配民族と被支配民族間の溝を乗り越える

高柳俊男

二十世紀前半の一九一〇年から四五年までの三十五年間、朝鮮は日本の植民地だった。日本の一部となった朝鮮に、官吏・警察官・教員・商店主などとして出向く日本人がいた反面、労働や学びの場を求めて、多くの朝鮮人が海峡を渡って日本内地に渡航してきた。その両方向の移動の結果、異民族間の衝突や対立が頻発したが、同時に新たな出会いや接触があり、そこに理解や交流の橋を架けようと努めた心ある日本人も、また存在した。朝鮮の民芸品への思慕から民族に対する愛へと進んだ柳宗悦、同じく民芸と植林活動に命を捧げ、文字通り朝鮮の土となった浅川巧、政治学の見地から、被支配者の意向をより反映した統治への転換を考えた吉野作造、弁護士として朝鮮人の立場を擁護し、近年韓国政府から日本人初の「建国勲章」を授与された布施辰治、そしてこれら著名人とは異なる名もない普通の庶民たち……。そうした一群の人々の一人として、中西伊之助を挙げることもできよう。そしてこの中西には、他の人とはまた違う側面が孕まれていた。

1　中西伊之助という人物

中西伊之助という人物を説明する際、どう取り上げればいいだろうか。小説『赭土《あかつち》に芽ぐむもの』（改造社、一九二二年）をはじめとする文学者としてだろうか。それとも一九二〇年の東京市電争議の指導者としてだろうか。あるいは『野良に叫ぶ』（一九二六年）の渋谷定輔（一九〇五―八九）などと繰り広げた、「農民自治会」に拠る農民運動の活動家としてだろうか。残念ながら現在、日本で彼の知名度はさほど高くなく、韓国でも近年、一部で注目され始めたとはいえ、一般的には無名の人物にすぎない。

しかし、日本の朝鮮植民地化により、両国の人々が敵対的状況に置かれた厳しい時代にあって、支配民族の側からその壁を乗り越えようと模索した彼の行動と精神の軌跡は、いまの時代を生きる私たちにもさまざまな教訓や示唆を与えていると、私には思われる。

たとえば、いまから九十年前の一九二三（大正十二）年九月、関東大震災が発生した。この天変地異に乗じて朝鮮人が井戸に毒を投げ、暴動を起こしたとする流言が流され、報復や先制攻撃としての朝鮮人虐殺が街々で繰り広げられた。

その際、中西は取り急ぎ「朝鮮人のために弁ず」[1]を書いて、この極限状況下での投毒や暴動などの流言蜚語がいかに荒唐無稽かを訴えた。日本に労働や学業のため来ていた無辜の朝鮮人が、数千人規模で殺害されるという悲惨な事態を二度と繰り返さないために、日本人の潜在意識のなかに潜む「無智蒙昧の劣等民族」や「黒き恐怖の幻影」としての先入観を改め、「愛すべき民族としての朝鮮人」像を築いていこうと、まず女性読者たちに熱心に語りかけた。すなわち、朝鮮は「四千年の歴史を有する東洋の君子国」で「芸術の国」であり、「形勝の国土」をもち、人々は「平和の民」で「親しみ易く、相愛し易い民族」である、と。後述するように、彼個人は朝鮮の独立運動や解放闘争にも理解があり、関係ももっていたが、日本人に対するいわば最低限度の要求として、まず朝鮮人を人間としてまっとうに見つめ、愛をもって遇するよう呼びかけたのである。

本章では、このように説いた中西伊之助の朝鮮との関わりを、その朝鮮体験や朝鮮人との交流の面を中心に考察していきたい。

2　朝鮮での獄中生活を出発点に

中西伊之助は一八八七（明治二十）年、京都府久世郡槇島村（現・宇治市槇島）で生まれた。父母の不仲から戸籍上は私生児の扱いで、祖父母の手で育てられた。のちにそのせいで、海軍兵学校への入学を拒絶されるなどの不利益を蒙った。私生児として不当な扱いを受けたことは、アナキズムの立場で朝鮮人と連帯した金子文子（一九〇三―二六）の場合と同様、中西にとって社会の不条理に気づかせる最初の契機になったかもしれない。

小学校を卒業すると家業の農業を手伝い、都市化による農業の没落後は、火薬製造所職工や機関車掃除夫をはじめ、各種の雑役に従事した。思想的には幼少時の仏教の影響から、キリスト教や救世軍の活動を経て、二十歳前後には当時の『日刊平民新聞』を愛読するほど、社会主義的な思想に共感を抱くに至る。その過程で、足尾鉱毒事件をめぐる田中正造（一八四一―一九一三）の講演「土地兼併の罪悪」も聞いたし、『日刊平民新聞』に「釣月」名でこんな投書もしばしば書き送っていた。

あゝ御真影を抱いて焼死！　吾人は痛恨の涙に堪へず　多言するの要なし　只速やかに各学校の御真影を返上せよ(2)

しかし社会主義思想をもつことと、民族問題がわかること、ないし日本の侵略・植民地支配のもとで呻吟する民の声が聞こえることとは、必ずしも直線的に結びつくものではなかったであろう。中西伊之助の足跡を考える際、偶然だった朝鮮への渡航が、のちの生涯を左右するほど大きな意味をもったと言っても過言ではない。

彼は一九一〇（明治四十三）年の韓国併合直前、朝鮮へと渡る。まさに日露戦争での勝利を背景に、多くの日本人が一攫千金を夢見て渡航していた時期で、「渡韓のすすめ」といった実用書や、各種の産業視察報告書の類が多数出版されていた。中西も母の縁にすがって、いわば「新天地」を踏むことになる。

ところがそこで目撃したものは、支配者としての日本人の横暴と不正義だった。主著『赭土に芽ぐむもの』では、母の家が朝鮮人に麻薬を売る商売をしており、主人公は朝鮮到着初日にその「民族的罪悪」を手伝わされる羽目になる、という描写があるが、類似の実体験があったのかもしれない。情熱に燃えた若者としての義憤は、とうてい座視を許さない。この植民地朝鮮での体験は、自らも作家で、同じく朝鮮在住時代を題材とする作品があり、また張赫宙《チャン・ヒョクチュ》、金史良《キム・サリャン》、金達寿《キム・ダルス》、金泰生《キム・テセン》といった朝鮮人作家たちの保護育成にも努めた保高徳蔵（一八八九―一九七一）の事例とも酷似している。

中西の場合は、最初は被圧迫民族である朝鮮人のなかに分け入ろうとしたが、無言の逃避や険しい目つきに拒絶され、民族間の壁や溝を意識する。やがて記者として勤めた平壌の新聞社で、「武断統治」といわれた一九一〇年代の過酷な総督政治や、朝鮮に進出した日本企業の悪逆に対する批判記事を書き、挙げ句の果てに投獄される。いわば日本人政治犯として、朝鮮で獄舎につながれる稀有な経験をするわけだが、社会の矛盾の縮図とも言える監獄での観察は、次のようなものであった(3)。

- 三畳の独居房に十数人の囚人を押し込め、河岸のマグロ状態で、夏は汗みどろとなる
- 冬は零下二十度以下の酷寒の労役で、みな凍傷になる
- 食事は、塩水に大根葉を入れた菜っ葉汁にヒエ飯・粟飯ばかりで、きわめて粗悪
- 日本人看守、朝鮮人看守とも冷酷で横暴である
- 総じて日本内地より朝鮮の監獄がはるかに劣悪で、天国と地獄の差がある。世界最悪といっても差し支えない
- 朝鮮の風俗習慣と日本から持ち込まれた法律との間に大きな溝が存在し、「犯罪者」を増産して

いる

植民地朝鮮での体験、なかでも過酷な獄中生活は、中西伊之助をして社会を最底辺から見る目を養わしめたと言えよう。そしてこの身をもってあがなった貴重な財産は、その後の彼の認識の原点となり、活動の原動力として作用していく。

たとえば、作家としての出発点は、日本に戻ってきて、一九二〇年の東京市電争議を指導してまた投獄されたあと、当時ベストセラーとなった賀川豊彦の『死線を越えて』(一九二〇年)を読んで、「このくらいなら自分でも書ける」と思い、朝鮮体験を基にした長編小説『赭土に芽ぐむもの』を著したことであった。強権的な土地収用への落胆の果てに犯罪に走り収監された朝鮮人金基鎬の話と、その土地に開かれた炭鉱の鉱夫の惨状を新聞紙上で暴露して投獄された、中西の分身とも言える日本人槇島久吉の話とが別々に展開されるが、最後に両者が獄中で出会い、槇島が金から啓示を受けるという展開の物語である。虐げられた日朝の民衆同士の連帯を象徴する構成をもつと同時に、朝鮮語も一部まじえながら、朝鮮独自の文物や風習がふんだんに盛り込まれており、中西のその方面への関心や知識の豊かさをも感じ取ることができる。

その後も中西は、朝鮮を舞台とする「不逞鮮人」(『改造』一九二二年九月号)、『汝等の背後より』(一九二三年)、『国と人民』(一九二六年)をはじめ、労働者や農民を主人公とする小説や評論・ルポルタージュを次々に発表していく。一部は朝鮮語に訳され朝鮮で発売されたり(李益相訳による『汝等の背後より』が韓国の中央図書館に現存する）、『農夫喜兵衛の死』のロシア語版がソ連で好評を博したりした。[4]

著作のなかには、『死刑囚と其裁判長』（一九二二年）、『死刑囚の人生観』（一九二四年）、『この罪をみよ』（一九二五年）、『裁判官を裁く』（一九三六年）や、本章の扉文で触れた畏友布施辰治（一八八〇―一九五三）との共著『審くもの　審かれるもの』（一九二四年）など、裁判や冤罪・死刑制度を批判・告発するものが多いが、これも言語の不通や風俗習慣の違い、そして日本人警察官や裁判官の朝鮮人に対する固定観念がいかに多くの犯罪や冤罪を生むかを、朝鮮の獄中における実体験で痛感したからであった。労働運動や農民運動など、日本のなかでいわば自らの闘いの場を常にもちながら、同時に朝鮮や台湾・満洲などを歩き回り、植民地の問題を日本人の立場から体験を通して考え続けたところに、中西伊之助の一つの特徴を見出すことができる。

3　朝鮮人と交流を重ねるなかで

そうした活動のなかで、多くの朝鮮人の同志とも知り合う。日本で親交を結んだ代表的な人物の一人が、前述の金子文子とともに活動し、のちに大逆罪に問われて一緒に死刑判決を受けた朴烈《パン・ニョル》（一九〇二―七四）であった。中西は朴烈と家が近く、よく訪ねて行くなど、家族ぐるみでつき合った。関東大震災直後に朴烈と金子文子が拘束され、「不逞」な朝鮮人による暴動の「事実」を裏付けるかのように、おどろおどろしい大逆罪に仕立て上げられていく過程では、面会・差し入れやカンパ集めに奔走した。

そうした様子は、中西の「朴烈君のことなど――冬日記」[5]などに詳しい。死刑判決後、特赦で無期懲役に減刑になった金子文子が栃木刑務所で自殺したときも、中西は文子の母と一緒に、お骨を池袋駅まで出迎えに行っている。

親しかった日本在住朝鮮人のもう一人が、日本語小説『さすらひの空』（一九二三年）で日本文壇に登場し、当時盛んだったプロレタリア文学の陣営に迎え入れられた鄭然圭《チョン・ヨンギュ》（一八九九―一九七九）である。中西伊之助が当時、朝鮮から渡ってきた朴烈や鄭然圭らととりわけ親しかったことは、前田河広一郎や山田清三郎など、プロレタリア文学界の大方が認めるところであった。もっとも、鄭然圭は時代が下るにつれて論調を変え、個人雑誌『満蒙時代』『魂』などを出して、日本の大陸侵略や天皇制を積極的に擁護する立場へと急旋回していくが、この辺りの事情は息子の鄭大均による『在日の耐えられない軽さ』（中公新書、二〇〇六年）に詳しい。

また当時、中西伊之助は朝鮮の四つの思想団体に集っていた青年たちから招待を受け、一九二五年八月に女性運動家奥むめお（一八九五―一九九七）とともに訪朝し、京城（ソウル）で「思想大講演会」を二度開催している。一回目の講演で、中西は約千名の聴衆を前に唯物論を解説するとともに、権力者の非道な振る舞いに反逆する朝鮮の代表的古典『春香伝』に仮託して、朝鮮人への熱き期待と共感を語った。いわく「金樽美酒千人血／玉盤佳肴万姓膏／燭涙落時民涙落／歌声高処怨声高」。春香と契りを交わした夢龍が、都から身をやつして暗行御使として舞い戻り、春香をはじめ民衆を苦しめた悪辣な地方官に裁きを加える、あの有名なクライマックスの場面である。中西は実際、その前年に『春香伝』を漢文版

동아일보
思想運動의闘士
中西氏와奧女史
사상대강연회의연사로
中西伊之助氏
◇중서이지조씨
◇오우메오녀사

『東亜日報』1925年8月15日記事
（左は奥むめお）

から翻訳して、雑誌『女性改造』九—十一月号に連載したり、『読売新聞』に「朝鮮文学に就て」（八月十九—二十四日）を載せてもいる。この中西たちの朝鮮行のことは、『東亜日報』などの朝鮮語新聞でも、写真入りで大きく報道された。

新潮社の『社会問題講座』第六巻（一九二六年）には、「科外講話」として「朝鮮解放運動概観」という中西の一文が載っている。冒頭で中西は、現在の朝鮮民族の思想的傾向を知るには、『朝鮮日報』『東亜日報』『時代日報』などの朝鮮語新聞を一瞥せよ、漢字が多いので概略は理解できると言って、推奨している。そのうえで、朝鮮の解放運動の時期的な展開過程や各戦線の現況が紹介・分析されている。一例を挙げると、併合から三・一独立運動（原文は括弧付きの「万歳騒擾」）までを扱った「第一期　独立思想時代」の冒頭は次のようだが、これをみただけでもおよその論調が想像されよう。

日韓併合は、多くの朝鮮人をして、強い反抗心を日本政府に懐《いだ》かしめたのは言ふまでもない。そして、寺内総督の武断政治が、いかに彼等をして根強い解放精神を植ゑつけしめたかは、更らにまた云ふまでもない。

それ以外にも、三・一独立運動での被投獄者が次の時代の先駆的な運動者になったとか、斎藤実総督の「文化政治」も「虐げられてゐる朝鮮民族には、むしろ反感をもつて迎へられた」などの、鋭い指摘がある。なかでも、朝鮮の被差別民「白丁」の解放運動である衡平運動に、最大の重点を置いてまとめているのが特徴的である。中西は、何度も朝鮮に渡って「吾々の同志であるこの人々」から話を聞いたが、それは日本の水平運動と同じく、「人類の差別的感情のいかに固陋にして頑愚なるかに、むしろ絶望の叫びさへあげさせる」ものであり、「この人たちの、血涙に咽《むせ》ぶ運動を見る時、そぞろに悲憤の身《み》慄《ぶる》ひを禁じ得ない」とまで述べている。

日本人として朝鮮の解放運動を、それも内偵し弾圧する官憲側とは別の立場から紹介した異色な文章が生まれた背景には、朝鮮の変革へ寄せる中西の熱い期待や、朝鮮人活動家との個人的付き合いの豊富さがある。おそらくは情報提供などにおいて、朝鮮人同志たちの多方面にわたる協力があったのであろう。

朝鮮プロレタリア芸術同盟（KAPF）結成メンバーによる『文芸運動』の第二号（一九二六年五月）に「新たな民族文学の樹立」[6]を寄稿したのも、そうした交流のなかでの出来事と言えよう。

朝鮮を知り、朝鮮人と交流するなかで明確に見えてきたことは、この世で特権的な地位にいることは、それだけ不正や背理を多く含むことだという認識であった。また、「遅れた朝鮮」という日本での一般通念とは異なり、朝鮮の社会はいま急激な変化を遂げており、人間解放の新しい世の中の実現に向けて着実に邁進する朝鮮青年たちの生き方に比べると、ひたすら現状に安住したり、無責任な自己陶酔に陥る日本人こそむしろ遅れていて恥ずかしい、とする見解もしばしば公にしている。たとえば、こんな具合にである。

私は、あちら［日本内地のこと］でも、朝鮮の青年の人達をかなりに識つてゐますが、日本の青年とは余程違つたところがあります。――あのニヒリチック（ママ）なところが尊いと思ひますよ。日本の青年のやうに、今にも俺達の天下が来ると云ふやうな顔はしてゐませんね？　あれでなければ、なにごともできません。[7]

在鮮日本人の手で経営されてゐる新聞雑誌の従来のものは、あまりに超時代的産物です。あれでは朝鮮の青年が経営してゐるものに比較して、あまりに悲惨な対象です。日本人と云ふものが朝鮮人よりもどのくらゐ、遅れてゐるかが、あまりに、明白に裏書きされるではありませんか。O兄、『朝鮮時論』はこの一つの大きい、日本人の不名誉を救つてくれました。[8]

後者の『朝鮮時論』[9]は、植民者として朝鮮に在住していた日本人のなかで一九二六―二七年、朝鮮社会についての正しい情報の提供と日本人の歪んだ朝鮮観の変革を使命として発刊されていた雑誌で、その発行者はO兄こと、エスペランティストの大山時雄である。朝鮮に住み、日本人の傲慢な態度を日ごろ苦々しく感じていた大山は、人工言語エスペラントを作り出したザメンホフと同様、民族の不平等を生み出すことばの問題に大いに関心を寄せていた。

4　両民族間に横たわる溝を意識しつつ

このように、朝鮮人と交流し、朝鮮の解放運動にも理解と声援を惜しまなかった中西伊之助であるが、日本人の自分と朝鮮人との間に存在する越えがたい断層からも目を逸らすことなく、それを少しでも埋めるべく努力を重ねた。

中西の朝鮮を扱った短編小説のなかで重要な作品に、さきに挙げた「不逞鮮人」と、「この一篇を朝鮮の青年諸君に捧ぐ」との副題をもつ「悲しき踊り手」(10)があるが、それらの創作動機やテーマも、この両民族間に横たわる溝や断層へのこだわりであった。

短編「不逞鮮人」は、日本の自称世界主義者が、無謀だという友人の反対を押し切って、「不逞鮮人団の首魁」を訪ねていくという設定の、ちょっとユニークな物語である。意気軒昂に出かけていくが、目的地の駅に着くと、無意識のうちに日本人がいないかどうか探してしまう、同行した通訳が訪問先で案内を請うたままいつまでも戻ってこないと、だまされて殺されるのではないかとおびえる、夜中、フクロウの鳴き声が、自分を襲撃する鬨の声に聞こえてくる、という具合に。つまり、旅の道中や、「不逞鮮人団の首魁」の家で寝食をともにする場面ごとに、頭での理解とはちぐはぐな、日本人としての醜い面が露呈してしまうのである。最後に、「すべては自分達民族の負ふべき罪だ」という認識に至って、小説は終わる。

一方、「悲しき踊り手」は、前述した思想大講演会の際の体験に基づく小品である。二回目の講演会時に、日本国粋会朝鮮支部の酔漢が集会に乱入して来て暴れ回るが、彼のくねくねと動く体には女性の裸体が大きく刺青してあった。「悲しき踊り手」として醜態を晒す日本人右翼と自分が同じ民族であることへの羞恥心から、「私」（中西）は自分を招いてくれた朝鮮青年たちの顔をまともに見ることができなくなる。

中西伊之助の朝鮮・台湾・満洲関連の著作

こうした民族としての罪の意識や、植民地民衆の具体的な姿を念頭に置いたうえでの日本人としての課題の設定は、「階級」問題こそが重要と考え、「民族」の問題に必ずしも自覚的ではなかったり、プロレタリア国際主義の理論的要請から安易な連帯論を唱えたりした戦前の日本左翼運動のなかでは、珍しいものと言えよう。これは、中西が革命後のソ連の権力的なあり方に批判をもち、当時の共産主義運動の本流とはやや距離を置いたところで試行錯誤を続けていた事実と、無縁ではないのかもしれない。

もちろんこのように書いたからといって、中西が朝鮮人の前で慙愧の念に駆られ、ひたすらひれ伏していたわけではない。あくまでも対等な人間関係を求め、ときには論争に至ることすらあった。その例として伝わるのが、さきにみた思想大講演会で訪朝した際のやりとりである。朴英熙《パク・ヨンヒ》（一九〇一―?）をはじめとする朝鮮の文学青年たちは、朝鮮にやってきたこの機会を捉えて、中西伊之助が『赭土に芽ぐむもの』のなかで、作品の舞台を「C」（朝鮮）としながらも、そこの人々を「土人」という言葉で表現していることを問い詰めた。中西は、自分は「土地の人」という意味で使ったのであり、朝鮮人を侮蔑する意図のないことは作品を読めばわかると抗弁したが、十分納得してはもらえなかったようである。

日本では、この「土人」という作中の用語をもって中西伊之助の限界とし、作家と作品を断罪するような論評も一部にみられるが、私は安易に与したくない。というのは、「土人」という語の使用を擁護する意味ではなく、この時に朝鮮人青年たちに指弾されたのは、実は「土人」と「植民地」という二つの用語だったからである。つまり、作品の舞台である「C」（朝鮮）を「植民地」と表現していたことも、批判の対象となったのである。

朝鮮人からすれば、自分たちの愛する先祖伝来のこの土地を「植民地」と表現されること自体が、心理的に受け入れ難かったものと思われるが、中西が「その国の位置を表現した言葉」と釈明したように、当時の朝鮮は客観的ないし社会科学的にみれば、やはり植民地にほかならなかった。(11)

今からみると、この朝鮮の文学青年たちの反応は意外で例外的に思えるかもしれないが、植民学者の矢内原忠雄が「小なる感情と大なる感情」[12]でまさに冷静かつ的確に分析してみせたように、「植民地」という用語への嫌悪と忌避は、当時の朝鮮では実は広くみられた現象であった。

矢内原は言う。内地人（日本人）が朝鮮人の感情に配慮して、朝鮮を植民地と呼ばないことは、政治的ないし社交的に必要かもしれない。しかし、朝鮮が植民地であることは一つの歴史的事実であって、朝鮮人がそう呼ばれないことで安心するとすれば、それは「事実の認識を曇らす感情にして、小なる感情と言はねばならない」と。そのうえで矢内原は、「好まざる事実ならば、之をば好ましき事実に転換することを欲することこそ、真に大なる感情である」、と断じた。

この例をはじめ、連帯するもの同士の間にもあった認識の微妙な差の問題も含めて、中西伊之助や彼を取り巻く人物を時代のなかに置いていくと、何がみえてくるのだろうか。それは中西の言う日本人の「劣等」「非文明」の姿をあぶりだす営みになるであろうし、矢内原の言う「小なる感情」に囚われすぎた朝鮮人の思考のあり方に再考を加える作業ともなるかもしれない。その過程を通じて、「侵略と抵抗」という、基本的枠組みは正しいかもしれないが、その視角だけでは当時両民族間に存在した大事な経験が漏れ落ちてしまう恐れのある近代日朝関係史の全体像が、より具体性を伴ってみえてくるに違いない。

5　中西伊之助からのメッセージ

以上、現在も知られることの少ない中西伊之助について、その朝鮮や朝鮮人との関わりを中心に考察を加えてきた。韓国併合からすでに一世紀以上が経過し、朝鮮半島が日本の植民地だった時代を直接知る人もだいぶ少なくなった。そのことは、一つの時代をごく単純かつ図式的に捉え、理解した気にさせることに、あるいは貢献しているかもしれない。

しかし、実際に展開した歴史は、もっと複雑かつ重層的なものであろう。植民地の民に対する民族的な優越感や差別観が支配的なあの時代においても、支配・被支配の関係を少しでも変えようとする苦闘の営みが、日本人のなかに少数とはいえ存在したし、民族や思想を超えた人間的な交流もあった。いまに生きる私たちにとって大切なのは、時代のなかに埋もれがちなそうした貴重な経験を掘り起こし、その模索や試行錯誤も含めて明らかにして、現在に生かしていくことであろう[13]。そのことを通して、過去が単なる過去ではなくなり、歴史上の人物とも有意義な対話や交流が可能にもなるはずである。

最後に、中西伊之助自身の言葉を引用して、この小論を締めくくりたい。それは彼の他界から半世紀以上が経った今日の私たち日本人、そして韓国・朝鮮人に、さまざまなメッセージを送り続けていることであろう。

青年時代、支那、満洲、朝鮮と放浪した。そこでわたしは東洋の×××［「被圧迫」か?］階級の姿をはつきり見ることができた。見せつけられた。そしてわたしにこれらの諸植民地に於ける民族へ信仰的な情熱をもつことを強ひられた。少くともわたしは、弱小民族の姿を如何に世界の民衆の前に描破せんかといふことに大きい努力を注いだ。弱小民族自ら起ち上がつて自らの姿を民衆の前に描破することの要求は必然起こつて来るし、また甚だ必要なことであるが、わたしたちのやうな民族の立場からも、さうした仕事は決して無駄なことではないと思ふ。(14)

弱い民族はみんな正しい民族だと思ひます。朝鮮民族も、将来世界に優越を誇る様になつては、もうおしまひですよ。(15)

注

(1) 『婦人公論』一九二三年十一月十二月合併号。

(2) 『日刊平民新聞』第十一号、一九〇七年一月三十日。戦前においては学校が火事の際、御真影や教育勅語を救い出そうとして、校長が犠牲になることがしばしばあった。

(3) 「朝鮮の獄中生活」『東洋』一九二四年十一月号。のちに『死刑囚の人生観』巻末に「附録」として収録。

(4) 朝鮮語版『汝等の背後より』(建設社、一九二六年)の冒頭に掲載されている中西伊之助本人の「原著者の言葉」(原文日本語)と、訳者による「翻訳者の言葉」(原文朝鮮語)の日本語訳が、渡辺直紀の論文「中西伊之助の朝鮮関連の小説について」の末尾に、「資料二」として掲載されている(韓国東国大学校日本学研究所『日本学』第二二輯、二〇〇三年)。

(5) 『文藝戦線』一九二六年一月号。

(6) この文章は、注4の渡辺論文末尾に、「資料一」として訳載されている。

(7) 「奪還」『早稲田文学』一九二三年四月号。

(8) 『朝鮮時論』第四号、一九二六年九月。

(9) この稀有で貴重な雑誌は現在、緑蔭書房から復刻版が出されている。高柳による復刻版解説「『朝鮮時論』にみる日本人の朝鮮観変革運動の軌跡」や、牛口順二『『朝鮮時論』の一年』(『海峡』第十一号、一九八二年)を参照のこと。

(10) 中西伊之助『支那・満洲・朝鮮』(実践社、一九三六年)所収。初出は聚芳閣『文学界』一九二五年十月号の由だが未見。

(11) 中西の言葉は、「愚なる釈明」(『新興文学』創刊号、平凡社、一九二八年三月)から。

(12) 『東洋』一九三一年六月号、のちに『矢内原忠雄全集』第二三巻(岩波書店、一九六五年)所収。

(13) その一例として最近、筆者は「日本の農山村に残る朝鮮半島の生活文化――信州・伊那谷からのレポート」(舘野晳編『韓国の暮らしと文化を知るための70章』、明石書店、二〇一二年)という小文を書いた。そこでは、長野県南部から愛知県北部の中山間地域において、戦前、鉄道工事やダム建設、草刈りや炭焼きの労働者として入った朝鮮人が残した労働スタイルや食文化が、その後も変容しながら戦後のある時期ないし現在まで、地域社会に残存している事例を複数紹介した。生活道具や食べ物を媒介にした日・朝の庶民同士の日常の接触や交流が推測され、貴重な事実と思われるからである。

(14) 前掲『支那・満洲・朝鮮』の自序「だれも書かないもの」。

(15) 前掲「奪還」。

■推薦図書

『日本プロレタリア文学集6　中西伊之助集』新日本出版社、一九八五年

中西伊之助は生前、多数の著作を出版していたが、没後に個人全集や著作集が刊行されたことはなく、作品に接しうる機会がきわめて限られている。本書は、いまでも比較的に入手しやすいもので、中西の代表作である「赭土に芽ぐむもの」を収録している。

黒川創編『「外地」の日本語文学選3　朝鮮』新宿書房、一九九六年

湯浅克衛や小尾十三などの日本人作家や、金史良や青木洪などの朝鮮人作家の朝鮮にまつわる日本語作品が、計十七編収録されているが、そのなかの一編が中西の短編「不逞鮮人」。全三巻シリーズで、他の二巻は南方・南洋／台湾編と満洲・内蒙古／樺太編。

『リバイバル〈外地〉文学選集』大空社、一九九八―二〇〇〇年

旧外地に関する日本人の作品を、全二〇巻で復刻したシリーズ。第四巻で中西の「満洲」が、また第十一巻で「汝等の背後より」が収録されている。各巻一万円を超える高価

な書物なので、図書館で利用してほしい。

高柳俊男解説「〈資料〉中西伊之助の朝鮮観」『季刊文学的立場〈第三次〉』第五号、一九八一年

古い雑誌なので入手が難しいかもしれないが、朝鮮に関する中西の短い文章「朝鮮人のために弁ず」と「朝鮮文学に就て」を、ここに再録しておいた。あわせて、中西伊之助と朝鮮に関わる基本的な文献を列挙し、簡単な解説を加えた。

著名な作家たちに比べると少ないが、それでも中西伊之助の文学作品や社会運動について扱った論文は、一定数ある。詳しくはCiNiiなど、論文検索データベースで調べてほしい。

高柳俊男「中西伊之助と朝鮮」『季刊三千里』第二九号、一九八二年

ここではまず、筆者の学部卒業論文に当たる論文（未刊）を、四分の一程度に要約したものを挙げた。筆者にとって、いわば研究の原点にあたる著述で、中西の足跡をたどることから得られる教訓を自らの生き方に生かそうという、青年らしい指向性が強くみられるかもしれない。いずれまた原点に回帰し、中西伊之助を日本と朝鮮の近代史の大きな流れのなかに位置づけたいと考えているが、実際にはその後、中西についての研究に取り組んでおらず、忸怩たる思いがある。

その後に書かれたものとして、たとえば以下の諸論文を参照してほしい。

渡辺直紀「中西伊之助の朝鮮関連の小説について」、韓国東国大学校日本学研究所『日本学』第二二輯、二〇〇三年

小正路淑泰「『種蒔く人』前後の中西伊之助——日朝諸社会運動との連帯を中心に」『フロンティアの文学——雑誌『種蒔く人』の再検討』論創社、二〇〇五年

勝村誠「中西伊之助文学における〈朝鮮〉」『韓流百年の日本語文学』人文書院、二〇〇九年

勝村誠「大正・昭和期の朝鮮——中西伊之助」、日本社会文学会『社会文学』第二九号、二〇〇九年

また中西伊之助については近年、韓国人をはじめとする留学生などによっても着目され、呉皇禅、黄善英、安都根、アンドレ・ヘイグなどの各氏が、日本語で論文を発表している。日本人とはまた違う視角からの指摘もあり、多面的な議論の展開に寄与している。

■関連情報

＊中西伊之助研究会

中西伊之助記念館のような施設は日本に存在しない。また、没後三十三年や五十年を機に、顕彰のイベントがもたれたことはあるが、博物館や文学館で回顧展が催されたことも皆無である。それほど忘れられた人物ではあるが、近年、立命館大学の勝村誠教授を中心に「中西伊之助研究会」が組織され、事実の発掘や顕彰作業が着実に展開されている。同研究会からは『農夫喜兵衛の死』（つむぎ出版、二〇〇七年）が復刻されたが、そこでは、いま中西伊之助に注目する意義について、「朝鮮をはじめとする植民地の民衆生活や文化を深く理解しようとし、貧困や差別や抑圧に向き合い、創作と実践を結びつけて闘い続けた中西伊之助の作品と生き方や考え方から学びとることは尽きない」と説明されている（勝村誠「刊行にあたって」）。研究会活動の一環として二〇〇八年、郷里の宇治市に「中西伊之助顕彰会」の名で、「中西伊之助旧居跡」のプレートも設置された。以下の公式ブログを見ると、こうした研究活動の歩みを窺うことができる。

URL：http://ameblo.jp/nakanishi-inosuke/

＊朴烈義士記念館

二〇一二年十月、中西と親交の厚かった朴烈と金子文子の墓がある韓国慶尚北道聞慶市（朴烈の故郷）に、「朴烈義士記念館」が建設された。そこには、苦難の時代を朴烈とともに歩んだ妻、金子文子を讃える「特別室」もあるという。この小文執筆の時点で、筆者はまだ訪問の機会を得ていないが、いまだ反日感情の根強い韓国で、日本人個人が記念館の形で顕彰されるのは異例であり、ここに特筆しておきたい。

第3章 ラフカディオ・ハーン（1850-1904）

西洋から東洋へ逍遥する知性

北 文美子

小泉八雲ことラフカディオ・ハーンは、昔話や伝説の再話文学である『怪談』の作者として広く知られている。彼の描き出した幻想的な日本の風景は、現在でも、日本のみならず海外でも多くの読者を魅了し続けているが、日本の「原風景」とも思われるような文化表象を生み出したハーンの異文化経験は、しかしながら、何も日本に限られてはいなかった。母親の故郷であるギリシャに生まれたハーンは、父親の出身地であるアイルランドを含め、ヨーロッパ数カ国で青年期を過ごした。成人してからはアメリカに渡り、シンシナティやニューオリンズで生活し、黒人文化やクレオール文化に親しんだ。ハーンの日本理解の背景には、実は多様な文化体験が秘められているのである。

西洋から東洋へ向かったハーンの軌跡に「国際社会人」と呼ぶにふさわしい知性の形成を探ってみたい。

1　ハーンの時代――生い立ち

ラフカディオ・ハーンは、一八五〇年にアイルランド出身の父チャールズ・ハーンとギリシャ人の母ローザ・カシマチとの間にレフカダ島で生まれた。レフカダ島は、ギリシャの西端、イオニア海北東部に位置するイオニア諸島のひとつであるが、ハーンが生まれた十九世紀半ば、イオニア諸島は大英帝国の領土だった。ハーンの父チャールズは、英領イオニア諸島にあるキティラ島に軍医補として赴任したが、赴任先で旧家の娘であったローザと恋に落ちたと伝えられている。

ハーンが生まれたイオニア諸島は、一八六四年にギリシャに返還されるまで、繰り返し海外の影響を受けた地域だった。十四世紀から十六世紀にかけて、この地域は、地中海貿易を通して経済発展を遂げたベネチア共和国の支配下におさめられ、ヨーロッパの文化が広まった。その後、イスラム教国であるオスマン・トルコが台頭するが、イオニア諸島は唯一ギリシャ語圏でオスマン・トルコの支配を免れた。そのため、土地の宗教であったギリシャ正教あるいはキリスト教が残り、「ギリシャ」の伝統をとどめる地域とみなされた。しかしながら、ナポレオンの時代の一七九七年にはフランス領となり、数年後にはロシア領、そして再びフランス領となった後、イギリス領となる。

イオニア諸島がイギリス領になって以降は、司法や行政の制度に加え、アフタヌーン・ティーの習慣など、さまざまなイギリス文化が普及した。当然のことながら、文化の流れは人の流れによってもたらされたが、この「人の流れ」は、海外におけるイギリス支配の基盤を築くことを目的としており、軍医補であったハーンの父は、そのような「宗主国」から派遣されたひとりであった。当時の大英帝国は、文字通り世界に版図を広げ、中国ではアヘン戦争（一八四〇年）を起こし、インドではムガル帝国の解体（一八五八年）に向かう政策を進めるなど、帝国主義の歴史を歩んでいた。イオニア諸島への人の流れも、そのような帝国主義的政策から生まれたのだった。

ハーンの母は、父方がキティラ島の名士の家系に属していたが、イギリスから赴任したハーンの父と関係を結ぶものの、家族の理解を得ることができなかったようである。チャールズ・ハーンは、海外からの赴任者であり、また彼の宗教はギリシャ正教ではなく、キリスト教、厳密に言えば、アイルランドのプロテスタントだった。ハーンの父は、地元のギリシャ人の目から見れば、まぎれもない「異邦人」と映ったことだろう。前述したように、もともとイオニア諸島は歴史的にギリシャ文化に強い矜持を抱いていた地域であったうえ、ローザが名家の出であったことも関係があるかもしれない。二人の結婚が認められることはなかった。

ハーンの父はローザを伴い、キティラ島からレフカダ島に転属し、そこで子供をもうけた。長男ロバートに続き、ラフカディオが生まれたが、彼はギリシャ正教の教会で洗礼を受けた。ハーンの名前であるラフカディオは、彼のミドルネームだったが、生まれたレフカダ島にちなんだ名だった。また、ハーンには父の出身地であるアイルランドの守護聖人聖パトリックにちなんだパトリックというファースト・ネームがあったものの、本人はラフカディオという名を好んだため、ラフカディオ・ハーンと名乗ることになる。

　ところで、ハーンの父チャールズは、彼の出身地から「アイルランド人」と紹介されることがある。また、ラフカディオ・ハーン自身も、のちに作家として世界的に業績が認められ、一九九七年よりアイルランドの首都ダブリンにある作家記念館に展示が設けられるなど、アイルランドに所縁がある著述家・文学研究者と見なされている。しかしながら、ハーンの父が「イギリス」軍医補としてギリシャに赴任した当時、彼の祖国「アイルランド」はまだ独立国家ではなかった。

　チャールズ・ハーンの出身地であるアイルランドは、一八〇一年より施行された併合法により大英帝国の傘下におさめられた。父チャールズばかりでなく息子ラフカディオの時代も、アイルランドは未だイギリスの植民地であり、アイルランドがイギリスから自治を獲得するのは、二十世紀に入ってからのことになる。一九二二年、アイルランドの自治の条件を定めたアングロ・アイリッシュ協定が締結され、翌年に北部六州を除きアイルランド自由国として独立した。そのような政治的・社会的状況から、ハーンの父、そしてハーン自身も、アイルランド「出身」であるものの、国籍は「イギリス」だったというわけである。ハーンの出自を辿ることで、十九世紀ヨーロッパにおける植民地主義の歴史の一端をうかがうことができるといっても過言ではないだろう。

　ハーンが二歳のときに、家族はギリシャからアイルランドに移住し、ダブリン郊外にある父の実家に身を寄せた。当時のアイルランドは、一八四五年から五年以上にわたって猛威をふるった飢饉からの復興をめざしていた。飢饉は、もともと十九世紀には、アイルランドばかりでなくヨーロッパ全土でたびたびおこっていたが、当時アイルランドを襲った飢饉は、その期間が長期に及んだこと、また宗主国であったイギリスの政策に不備があったことなど、複数の理由から未曾有の災害をもたらした。この飢饉は、アイルランド史上「じゃがいも大飢饉」として知られているが、飢饉を通して、餓死、感染症などによる病死、海外への移民により、アイルランドの人口が半減したほどだった。

ギリシャに生まれ育った母ローザは、故郷とはまったく異なった環境に身を置くことになる。地中海の気候に慣れ親しんだ母にとって、復興しつつあるといえ、災害に疲弊した、ギリシャから見れば北方のアイルランドはまったくの「外国」だっただろう。生活環境に加えて、言語や宗教も異なり、またハーンの父方の縁者も、ギリシャの母方の家族と同じように、二人の結婚を好ましく思ってはいなかった。また、父チャールズは、海外に赴任し不在であることが多く、ハーンの母はやがて精神を病んでしまう。母ローザは、ハーンの弟の懐妊を期にギリシャに里帰りし、アイルランドに戻ることはなかった。一方、父もまた別の女性と再婚し、ハーンは父方の大叔母に預けられた。

ハーンを引き取った大叔母サラ・ブレナンは、亡夫からの遺産を受け、余裕のある生活を送っていた。ハーンの父の実家がプロテスタントであったのに対し、大叔母は敬虔なカトリック信者だった。彼女は、カトリックの伝統に従いながら、幼いハーンを厳格に育てたようである。少年になると、ハーンはフランスやイギリスのカトリックの寄宿学校で生活する。ハーンにはフランスの文学作品を英訳した仕事があるが、フランスでの生活からフランス語に親しみ、フランス文学への関心を深めたようである。

ハーンは、幼年期・少年期にかけて、さまざまな国に生活し、さまざまな文化を体験したが、それは必ずしも幸せな経験ではなかったかもしれない。帝国主義の流れのなかで、いわゆる「異文化交流」の裾野が広がるが、異なった文化に接することの困難さが一般に意識されることもなかった時代だった。父と母の離婚を含め、ハーンは、文化の摩擦を幼い時から身をもって経験するが、それによってさまざまな文化に目を開くことになる。遺産の底がついた大叔母の破産から十九歳のときにはロンドン経由でアメリカに渡ることになるが、経験によって培われた視点は、アメリカでの生活でいっそう研ぎ澄まされることになる。

2　ハーンとアメリカ――「新世界」体験

大叔母のブレナンが破産し経済的な支えを失ったハーンは、一時ロンドンで生計を立てていたが、思うようにはいかなかったのだろう。一八六九年、十九歳のときにアメリカに向けて旅立った。ハーンは、リバプールから移民船に乗り、ニューヨークに向かう。ハーンが移民船に乗り込んだイギリスの港湾都市リバプールは、彼のようなアイルランドからの移民を大量にアメリカに送り出したことで広く知られている。先に触れたアイルランドの「じゃがいも大飢饉」に前後して、多くのアイルランド人がアメリカをめざしたが、リバプールは重要な経由地のひとつだったのだ。移民のなかには、アメリカ行を断念し、そのまま土地に残った人たちも大勢いたため、現在でもリバプールにはアイルランド系住民が居住する地域がある。

ハーンを含め、「新世界」アメリカに向かった「旧世界」ヨーロッパからの移民は、言うまでもないが、いわゆる「経済移民」だった。彼らは、生きるための切実な選択肢としてアメリカ渡航を選んだ。ニューヨークに到着したハーンは、アイルランドの知人を頼り、仕事を求めてオハイオ州シンシナティに向かう。

シンシナティでは、しかしながら、あてにしていた伝《つて》は役に立たなかった。ハーンはしばらく仕事もなく、厳しい生活を強いられた。しかし、ほどなく印刷業者のヘンリ・ワトソンと知り合い、地元の新聞社で記者として働くことになる。ジャーナリストとしてハーンは、文才を活かし、さまざまな記事を新聞社に寄稿し、活動の場を広げた。殺人事件を伝える報道記事なども担当したが、彼の書く記事は、事件の現場が克明に描写され、読者をぞっとさせるほどの臨場感があった。その記事は、ほどなく多くの読者を獲得し、ジャーナリストとしての地位を確立する。

報道記事に加えて、ハーンは文化や文学の動向を扱った文芸記事も担当した。幼い頃から多くの文化に触れ、多角的な視点をもっていたハーンだったからだろう。彼は、白人文化の背後でほとんど顧みられることのなかった黒人文化に着目し、その豊かさを伝える論説を発表した。差別に苦しむ黒人たちの中にも分け入って、彼らの言語に耳を傾け、生活風景をつぶさに観察した。自分自身の観察をもとにしながら、同時代の黒人文化を丁寧に描写し、偏見にとらわれることなく、その文化を記録したのだった。

ハーンのそのような一面は、当時発表した書き物から容易にうかがい知ることができる。白人と黒人を乖離する政策がとられていた時代、驚くべきことに、ハーンは黒人の寄席などにも出入りしていたようである。「黒人寄席にて」という随筆では、寄席の舞台風景を描写し、役者の演技、観客との掛け合いなどを詳細にわたって記録し、こう締めくくる。「舞台の価値はなるほど優れたものであり、面白いものではあるが、それが生みだした享楽の光景には及ばない――悲鳴に近い笑い声が上がる。笑いを押し殺そうとして口にはハンカチが詰め込まれる。涙が出てくる。足を踏み鳴らす。身体は跳ね上がる。ほんの些細なジョークにも無邪気に反応する。そして拍手、拍手――まことに哄笑が渦巻く狂想劇であった」(1)。ハーンの文章からは、寄席の活気が読者にひしひしと伝わってくることだろう。

シンシナティでの生活は八年ほど続いたが、一八七七年にハーンは、よりよい生活環境を求めてニューオリンズに生活の場を移した。ニューオリンズでの生活は、シンシナティのそれよりも長く、実に十年にも及んだ。ニューオリンズでも、シンシナティの経験が活きたのだろう。ほどなくして記者としての仕事を得る。

ニューオリンズは、十八世紀、フランスの植民地である仏領ルイジアナの中心地として栄えた都市だった。十九世紀に入り、皇帝ナポレオンが本国の経済難に対処するため、ルイジアナをアメリカに売却するが、もともとニューオリンズを含めルイジアナでは、フランス植民地初期から、フランス人を中心とした入植者の文化と、奴隷貿易でアフリカ大陸から連れてこられたアフリカ系子孫の文化が混在していた。それに加えて、アメリカの領土になってからは、奴隷解放に成功した「黒人革命」のため、現在のハイチにあたる仏領サン・ドマングから元の奴隷たちが大量に流入し、カリブ海文化の影響も受けた。

ハーンは、シンシナティ時代と同様、ニューオリンズ社会に混在する文化に偏見のないまなざしを向ける。彼の生きた十九世紀の社会では、ある文化や言語を担っている人々の社会的な階級・階層に応じて、文化間あるいは言語間に優劣をつけることは不自然なこととは思われていなかった。つまり、帝国主義の時代には、支配者・被支配者の政治的な力関係が、そのまま文化の「力関係」にあてはめられたのである。そのため、当時のニューオリンズでは、かつての宗主国であったフランスの文化や言語が、他の文化や言語よりも「優れた」ものであると広く信じられていた。そのような時流に反して、ハーンは文化に優劣をつけることを拒み、むしろ社会のなかのマイノリティの文化に深い関心を寄せた。

ニューオリンズの歴史から生じた「異種混交」の文化を、一般にクレオール文化と呼ぶことができる。それは、ヨーロッパからの入植者とアフリカから連れてこられた奴隷の文化が混在した文化を指すが、ハーンはこの文化に特に強い興味を抱いた。クレオール文化に肩入れするハーンは、「クレオール方言以上に、構造の特殊性、そしてメロディやリズムの美しさをもつヨーロッパの俗語がないというのもたしかである」[2]と述べている。都市化の波に巻き込まれ、変容を強いられていたクレオール文化の諸相を書き残すべく、彼はさまざまな文章を発表した。土地の文化を考察するにあたっての要諦は、「過去を分析するよりも、現存する事柄をうつしだし、あまり起因や由来にはこだわらずに地方の珍しい風習など描きだしていわばその地方色を浮き彫りにすることにある」[3]と述べている。ハーンはその言葉通り、ニューオリンズのクレオール文化の地方色を、彼の精彩に富んだ文章を通して見事に浮き彫りにしている。クレオール文学の伝承から、路地にたわむれる子供が口にする俗謡まで多岐にわたって、ハーンは同時代のクレオールの生活を記録した。

とはいえ、土地を活写するだけで、その地方の「過去の分析」を軽んじていたわけではもちろんなかった。彼の偏見のない視点が、文化を相対的に捉えることができるだけの「膨大な知識」に支えられていたことは決して忘れてはならないだろう。クレオールの文化に謙虚に耳を傾けその生活を観察したハーンは、ヨーロッパの思想・文学・絵画・音楽を含めた文化の総体について通暁していたうえに、クレオール語による詩集、寓話集から祈禱集、聖歌集などにいたるまで、広く文献を渉猟したのである。ハーンには、ニューオリンズの通りの名前についての洒脱なエッセイ(4)があるが、通りの名前の命名法をめぐって、土地の歴史、地形、自然にいたる幅広い知識を開陳し、魅力的な文化論を展開している。

ニューオリンズでの生活が十年を超えた一八八七年、彼はニューヨークの出版社と契約を結び、仏領西インド諸島のマルティニーク島にフィールドワークに出かけた。マルティニーク島での滞在は二十カ月ほど続くが、その間彼は精力的に島の生活を記録した。その成果をまとめたものが、一八九〇年『仏領西インドの二年間』として上梓された。この本は、ニューオリンズ時代のハーンの集大成ともいえるだろう。

マルティニーク島では、民俗的な関心を記した著書に加えて、小説にも挑戦する。『ユーマ』(邦訳では『カリブの女』に収められている(5))というマルティニーク島の黒人女性の名前をタイトルにした作品では、黒人の蜂起前夜、白人家庭で召使として働いていた奴隷ユーマの短い生涯が語られている。ハーンの二作目の小説であるこの『ユーマ』は、のちの再話文学につながるハーンの文学的な地平を広げたようである。マルティニーク島での実りある生活を終えたハーンは、その後、再び出版社と契約を結び、新天地である日本に向かった。

3　ハーンと日本――「東洋」体験

「東洋」の国、日本を取材するため、ハーンはアメリカからカナダを経由し、一八九〇（明治二十三）年四月船で横浜港に到着した。ハーンの日本に対する関心は、すでにマルティニーク島に出発する以前に遡ることができる。ハーンがニューオリンズに滞在していた一八八四年、ニューオリンズでは世界の国々の文化を紹介する万国博覧会が開催された。ハーンは会場で日本館を訪れ、日本文化に興味を抱き「ニューオリンズ博覧会――日本の展示物」という文章をまとめている。日本に到着したハーンは、当初通信員として仕事をするはずだったが、契約内容に疑問を抱き出版社との契約を解消する。このときにたまたま、万国博覧会の会場で出会った政府の役人を通して、島根県松江市の学校での英語教師としての仕事を得たのだった。

当時の日本では、一八六八年の明治維新以来、近代化をめざすため、西洋の先進技術を学ぶことが必須であると考えられていた。もちろん技術に加えて、英語、フランス語、ドイツ語を学ぶことも同時に重視された。当時の日本社会では、外国語に堪能であることは、政府関係の職を得るなど、社会的あるいは経済的に高い地位に就くことに繋がった。そうした需要を満たすため、明治時代の日本では、海外から多くの人材が採用されたのである。彼らは通称「お雇い外国人」と呼ばれたが、明治元年からハーンが来日する明治の半ばまで、日本で働いていた外国人技師や教師は相当な数にのぼった。「お雇い外国人」という名称は、現代の私たちにはあまりよい響きではないかもしれない。しかしながら、彼らは決して差別的に扱われたわけではなく、むしろ高い給与を得て、人々の尊敬を集めていた。この「お雇い外国人」の習慣は、明治期を通して、都市部だけでなく日本全国に広がっていったが、ハーンはこのような時世、前年の市制施行で発足したばかりの島根県松江市に英語教師として赴任したのである。松江は、島根県東部、いわゆる出雲地方に位置するが、ハーンは持ち前の知的好奇心から、英語教師としてのかたわら出雲の文化に親しみ民話・伝承の蒐集を始める。

ハーンの松江での経験は、『知られぬ日本の面影』(*Glimpses of Unfamiliar Japan*) としてまとめられた。英語で書かれたこの作品には、「杵築——日本の最古の神社」という興味深い随筆が含まれている。それは、西洋人として初めて出雲大社に正式に昇殿を許されたハーンの訪問記である。「道は天に沖する巨木の列にはさまれ、一筋にいくつもの大きな鳥居をくぐって、遥か先の闇の中へと延びている。鳥居に懸け渡された注連縄《しめなわ》は、ゆかりある天手力男命《あめのたぢからおのみこと》にこそふさわしい堂々たる太さだ。しかし、この幽遠な厳しさを醸し出しているのは、鳥居や注連縄よりも、むしろ参道を取り囲む大樹の群れのほうだろう——樹齢千年を越える古木もけっして珍しくない——松もここまで年ふると、巌のような瘤をつけ、暗ぐらと茂った樹頭を夜空の中にとかしこんでしまう」(6)。シンシナティ時代からすでに定評のある、卓抜した描写力をもったハーンの文章からは、彼が目にした当時の出雲大社の厳かな雰囲気が伝わってくるだろう。

また同書には、ハーンの作品のなかでもとりわけよく知られている「神々の国の首都」という作品も含まれている。ここではハーンが見た「東洋」の幻想的な日本の姿が浮き彫りにされているが、そもそも『日本の面影』は、先にも触れたように原書は英語で書かれており、海外、とりわけ西洋の読者を想定した作品であった。彼の描き出した「神秘的」な日本の風景は、たとえば、ハーンが去ったアイルランドにおいて、アイルランドに根ざした文学を模索し、文芸復興運動を主導していた詩人ウィリアム・バトラー・イェイツに大きな影響をあたえた。一方で、言うまでもないが、ハーンが提示した「神秘的」な日本は、必ずしも現実の日本を反映したものではなかった。そのため、日本を美化したエクゾティシズムであるとか、西洋の側からみた東洋、「オリエンタリズム」にすぎないといった批判もあるが、しかしながら、そのような判断は別にして、秀逸した想像力に支えられた抒情的な文章には、「文学作品」としての筆力が感じられるだろう。

松江の旧居

母語である英語で作品を執筆したハーンは、フランス語などのヨーロッパの言語には通じていたが、日本語については不自由がないというわけではもちろんなかった。普段の生活ではさしたる支障はなかったようだが、ハーンの旺盛な知的好奇心に応え、民話や伝承の蒐集に欠くことのできなかった存在が、彼の妻となっ

ハーンとその妻セツ

た小泉セツ（一八六八―一九三二）だった。セツは、松江藩の士族の家系に生まれるが、ハーンが勤めた学校の教頭であった西田千太郎を通してハーンに出会うことになる。セツの献身的な協力がなければ、「お雇い外国人」が増えたとはいえ海外からの渡航者が極端に少なかった当時の日本において、ハーンの経験はきわめて限られたものになったことだろう。

一八九一（明治二十四）年、ハーンはセツと結婚し、一八九六（明治二十九）年日本に帰化する。ハーンは、彼女の姓である小泉を名乗り、「小泉八雲」となる。八雲は、松江のある「出雲」にかかる枕詞の「八雲立つ」にちなんだ名だった。ハーンの松江での滞在は十四カ月ほどだったが、その人生にとって大きな岐路だったといって差し支えないだろう。松江にはハーンの旧居があり、一九四〇（昭和十五）年には国の史跡になった。旧居のそばには小泉八雲記念館が設置されており、現在でも小泉八雲とセツの遺品類など関連資料を目にすることができる。

ハーンには、松江の寒さが耐え難かったとも伝えられているが、松江を去ったのちにセツと向かった先は熊本だった。ハーンが英語教師を務めた熊本は、アメリカ人ジェーンズのもとで徹底した英語による教育を受けた「熊本バンド」として知られる人材を輩出し、明治時代に札幌、横浜と並んだ日本のプロテスタントの拠点のひとつだった。ハーンが赴任した頃には、「熊本バンド」を育てた洋学校はすでに閉鎖されていたが、英語教育の伝統がある地域だった。一八九一年から九四年まで、ハーンは現在の熊本大学の前身である熊本第五高等学校の英語教師を務めることになる。

教師としてのハーンは、松江でも、また熊本でもそうだが、学生、教員から広く尊敬されていた。彼は松江時代から一貫して、教育における「想像力」の必要性を強調した。「想像力」というとやや誤解を受けてしまうかもしれないが、ハーンがいう想像力は、なにも未知の世界や神秘的な風景を「想像」することのできる力を意味したわけではない。平たく言ってしまえば、物事の因果関係を冷静に見極める力と言い換えてもいいかもしれない。ハーンは、当時の日本の旧式な教育法を批判しながら、教育において、いかに「想像力」を培うことが大切であるかを述べている。

> ただ事柄だけをむやみに覚えたのでは何の役にも立ちません。想像力もともに仕込んで覚えさせなければほとんど無益だと言っても過言ではないと私は考えます。今頃学んでいる事実は、結局は決して完全な事実ではなく、ただ事実と事実の関係を研究しているに過ぎないのです〔…〕これらの関係を知ろうと思えば、勢い想像力すなわち心に描いて表現する力に拠らなければなりませんでしょう。(7)

ハーンの言葉は、現在の教育を考える上でも示唆に富んでいる。ハーンは想像力を養成するために、授業では生徒を萎縮させることなく果敢に質問するよう奨励し、学ぶための環境づくりに尽力した。

一八九四年に熊本を去ったハーンは、一時、神戸で神戸クロニクル社の通信員として、アメリカ時代のように、日本の時事・文化・文芸などの論説を寄稿するが、数年後には東京に移り、当時の東京帝国大学（現在の東京大学）で英文学講師に就任した。そこではシェイクスピアから同時代のロマン派の詩人にいたるまで、文学史上広く知られた作品からマイナーな作品まで、幅広く英文学作品を紹介した。みずから文学の担い手であったハーンの文学講義は、さぞ魅力に満ちたものだったであろう。学生の信望は篤く、ハーンが東京帝国大学を解任されたときには、学生の不満は並々ならぬものだったと伝えられている。ハーンの後任には、以前にもハーンの後任として熊本第五高等学校に赴任した経験があり、ハーンと少なからず因縁をもった夏目漱石が着任することになるが、学生たちの不満に対応することに苦慮したようである。ハーンは東京帝国大学に続き、早稲田大学で英文学を講義するが、まもなく心臓発作のため、一九〇四（明治三十七）年九月二十六日、東京の自宅で亡くなった。

4　ハーンと「今」――現在から未来へ

小泉八雲ことラフカディオ・ハーンは、晩年には日本の民話・伝承をまとめた再話文学『怪談』で広く世に知られるようになる。『怪談』には、「耳なし芳一」、「むじな」、「雪おんな」といった日本でよく知られた十七編の怪談と、虫に関するエッセイなどが収められている。再話とはいえ『怪談』には、幻想的な美に溢れた八雲独自の物語世界が広がっている。『知られぬ日本の面影』と同じように、『怪談』も英語で執筆されたが、原書のタイトル *Kwaidan* は、セツの故郷、松江の方言「くわいだん」を模したと言われている。

日本での小泉八雲の作品紹介は、八雲没後は彼の教え子たちを通して行なわれる。東京帝国大学で八雲の講義を受けた教え子である田部隆次は、八雲の夥しい数の著書を英語から日本語に翻訳した。大正時代に入ってから、田部などによる翻訳業績は、第一書房から『小泉八雲全集』として出版され、小泉八雲研究の基礎をつくった。

『怪談』（1904 年）

また田部隆次の実兄である南日恒太郎は、旧制富山高等学校（現在の富山大学）の校長であった一九二四（大正十三）年に、蔵書の寄贈先を探していた八雲の遺族から、同校へ数千に及ぶ蔵書を譲り受けた。そのため、現在、富山大学附属図書館には、ハーンの別名である「ヘルン」を冠した文庫がある。ハーンは松江に英語教師として赴任したとき、現在の契約書にあたる文書を交わすが、そこには片仮名で「ラフカヂオ・ヘルン」と記されていた。ハーンはこの「ヘルン」という名前を好んだため、別名で「ヘルン先生」とも呼ばれていたのだ。「ヘルン」あるいは「へるん」は、現在でもハーンの愛称として広く用いられている。富山大学の「ヘルン文庫」には、小泉八雲の蔵書、そして彼の生涯最後の作品となった『日本――一つの試論』の草稿など、研究に欠かせない資料が収められている。

小泉八雲の没してから十余年ほど過ぎた一九一五（大正四）年には、教え子たちをはじめとした関係者によって、八雲の研究を目的とした「八雲会」が創立された。八雲会は、昭和中期に一時活動を停止するも、昭和四十（一九六五）年に「第二次八雲会」として再度発足し、八雲に関する研究顕彰団体として現在も活発な活動を展開している。八雲会では、年に一回機関誌である『へるん』を発行し、小泉八雲に関する研究論文、随想やシンポジウムや学会の報告を掲載している。また、八雲会のホームページ上では、随時、小泉八雲に関する催しや新刊本の紹介など、さまざまな情報が提供されている。

二〇〇四年は小泉八雲の没後百年だったが、八雲会含め国内外のさまざまな組織によって八雲に関する本が出版され、またシンポジウムや各種催しが開催されるなど、八雲の仕事の普遍的な価値が再確認された。なかでもとりわけ興味深い試みであったのは、曾孫である小泉凡氏による「子ども塾・スーパーヘルンさん講座」という企画である。(8)

小泉八雲は妻セツとの間に三男一女をもうけるが、小泉凡氏の祖父は八雲の長男小泉一雄である。小泉凡氏は、八雲の子孫であるとともに、民俗研究者としてハーンの業績を研究し、多くの論文や著書を発表されている。ハーン没後百年に行なわれたこの企画は、そのタイトル通り、小学校四年生から中学校三年生の子どもを対象とし、「ハーンの感覚で現代社会、あるいは自分の住んでいる町を見直したらどうだろうか[9]」という斬新な試みだった。

四回にわたった「子ども塾」では、子供たちがハーンの作品を音読で聞いたり、ハーンが好んだ下駄の音を聴いたり、ハーンの旧居の庭を三十分くらい眺めたり、また、目を閉じて松江城の森の中を散策し落ち葉に触れるなど、「普段とはちがう感覚」を体験したようである。私たちの普段の生活では、とかく利便性や目的性ばかりが強調されてしまい、無心に物を見たり聴いたりするような機会がほとんどないように思うが、「子ども塾」に参加した子どもたちは、実際に耳にした下駄の音が必ずしもよく表現される「カラコロ」と聞こえるわけではないことに気づいたり、また目を閉じて森を歩くことで木々や葉の匂いに気づいたり、「ハーン経験」をつうじてさまざまな気づきがあったようである。知識偏重の現代社会でこのような「体験」をすることは、ハーンの「知恵」を継承する上で、大切な試みであるように思う。

教師としてのハーンが強調した「想像力」は、とりもなおさず、彼が西洋から東洋の文化を逍遥し、独自の文学世界を成り立たせた原動力だった。その想像力は、決して「空想」を目的としたものではなく、事実や現実を的確に把握し、先を見極めようとする知性を意味していた。ハーンのヨーロッパからアメリカ、そして日本への軌跡を辿ることによって、私たちは「国際社会人」に不可欠ともいえる、「想像力」によって培われた偏見のない知識、多様な文化観や世界観を確認することができることだろう。加えて、ハーンの言う「想像力」、あるいは「心に描いて表現する力」が、旺盛な好奇心と飽くことのない探求心に下支えされていることも痛感されることだろう。ハーンを読み、体験する、あるいはハーンを体験し、ハーンを読む。順序はどちらでも構わないだろうが、私たちの世代が「ハーン的なもの」を活かすには、その著作に親しむことに加え、私たちの暮らしている現代社会と深く向き合いながら、つねに越境することで多様なアイデンティティをつくりあげていった彼の経験を自らの経験と照らし合わせることが必要ではないだろうか。

■注

(1) 西脇順三郎・森亮監修『ラフカディオ・ハーン著作集』第四巻、恒文社、一九八七年、一四三頁。
(2)『ラフカディオ・ハーン著作集』第四巻、恒文社、一九八七年、三六三頁。
(3)『ラフカディオ・ハーン著作集』第一巻、恒文社、一九八〇年、三四九頁。
(4)『ラフカディオ・ハーン著作集』第四巻、二八二—二九七頁。
(5) ラフカディオ・ハーン『カリブの女』平川祐弘訳、河出書房新社、一九九九年。
(6) 小泉八雲『神々の国の首都』平川祐弘編、講談社学術文庫、一九九〇年、一四九頁。
(7)「ラフカディオ・ハーン講演録」、島根大学所属図書館小泉八雲出版編集委員会／島根大学ラフカディオ・ハーン研究会共編『教育者ラフカディオ・ハーンの世界——小泉八雲の西田千太郎宛書簡を中心に』ワン・ライン、二〇〇六年、一六九頁。
(8) 小泉凡氏はこの後にも、文化を一つの資源ととらえる文化資源学の観点から、松江に拠点を置きながらさまざまなプロジェクトに携わっている。二〇〇八年八月からは、ハーンゆかりの地を夜に二時間かけて歩く着地型観光プラン（出発地の旅行会社の企画ではなく、到着地のNPO・商店街などが企画した地域にこだわる体験重視の観光プラン）である「松江ゴーストツアー」を企画するなど、斬新な試みを続けられている。
(9) 小泉凡「没後一〇〇年に思う、ハーンの未来性」、西川盛雄編『ラフカディオ・ハーン——近代化と異文化理解の諸相』九州大学出版会、二〇〇五年、一八五頁。

■推薦図書

小泉八雲『神々の国の首都』平川祐弘編、講談社学術文庫、一九九〇年

ラフカディオ・ハーンの著作『知られぬ日本の面影』上下二巻本のうち主要な作品が収められている。日本についての最初の印象記であり、日本との出会いを感動的に描き出している。

小泉八雲『怪談・奇談』平川祐弘編、講談社学術文庫、一九九〇年

『夜窓奇談』、『仏教百科全書』、『古今著聞集』など、日本の古典に見られる怪談・奇談を再話した物語集。古典作品の他、各地で直接耳にした話も採録している。ハーン文学の代表作。

平川祐弘監修『小泉八雲事典』恒文社、二〇〇〇年

ラフカディオ・ハーンの多岐にわたる活動を、人物・土地・作品・事項に関して五二六項目にわたり解説している。多数の写真・図版が掲載され、事典としてばかりでなく、読み物としても楽しむことができる。

小泉時・小泉凡共編『文学アルバム小泉八雲――ラフカディオ・ハーン 増補新版』恒文社、二〇〇八年

小泉八雲の長男・一雄の長男である小泉時氏と八雲の曾孫であり小泉八雲記念館顧問である小泉凡氏によるハーン関連書籍。ハーンの生涯を貴重な写真で辿ることができる。新資料を加えた増補新版。

■関連情報

＊小泉八雲記念館

一九三三年、松江のハーン旧居に隣接した土地に建てられた記念館。全国の小泉八雲愛好者から寄せられた寄付金で建設される。現在の和風数寄屋造りの建物は、一九八四年、八雲没後八十年を記念して建てられた。館内には、八雲やセツの遺品類を中心に、約二〇〇点の関連資料が展示されている。

＊焼津小泉八雲記念館

八雲は、子供ができてから毎夏のように焼津に通った。八雲所縁の地として、二〇〇七年、焼津市立図書館に隣接した土地に同記念館が建設される。館内には、八雲の生涯を辿りながら、焼津での足跡、地元の人々とのふれあいを示す展示物が公開されている。

＊ヘルン文庫

八雲の蔵書二四三五冊、および『日本——一つの試論』の草稿一二〇〇枚などが収められている。富山大学付属図書館館内にある。

第4章

ハリエット・タブマン（1820?-1913）

黒人たちのモーセ

栩木玲子

アメリカで黒人差別撤廃を実現するために活躍した人物――そう言われて思い浮かぶのは誰だろう？　公民権運動の立役者、マーティン・ルーサー・キング牧師か。それとも同時代を生きたマルコムXだろうか。もう少し時代をさかのぼれば、奴隷解放宣言を発表したリンカーン大統領の名も浮かぶ。アメリカ史に詳しい読者なら、バスの席を白人に譲ることを拒否して公民権運動のきっかけを作ったと言われるローザ・パークスや、南北戦争前夜に奴隷制度廃止を訴えた元黒人奴隷にして活動家のフレデリック・ダグラスを連想するかもしれない。

そんな彼、彼女らに比べて、日本での知名度は低いものの、今でも多大な尊敬を集める一人の黒人女性がいる。ハリエット・タブマン、あるいは黒人たちのモーセ。彼女の首には一時期四万ドルもの法外な賞金がかけられた、という説もある。つまりはおたずね者だ。そんな女性をなぜ「国際社会人」と呼べるのだろう。いったいハリエット・タブマンとは何者か。

1　奴隷に生まれて

一般的に、評伝というのは出生証明書をはじめとする公文書、日記や備忘録、あるいは手紙に依拠する場合が多い。対象となる人物がテープレコーダーやビデオカメラなどの録音・録画機器以前の時代を生きていたとなると、なおのこと文書類は欠かせない。だが、三十歳頃までのハリエット・タブマンに関する確実な資料は皆無と言っていい。彼女の生年月日すら、正確なところは分かっていない。その理由はいくつかあるが、一つには彼女が奴隷だったからだ。章扉で言及した奴隷制度廃止論者のフレデリック・ダグラスは自伝でこう書いている。「私は自分の誕生日を明言できる奴隷に会ったことがありません。せいぜい植え付けの時期、収穫の時期、桜の時期、春、あるいは秋、と言えるくらいです[1]」。タブマンも例外ではないが、今のところ彼女が生まれたのは一八二〇年か二二年という説が有力だ。時期は二月か三月と言われている[2]。

生誕の地はアメリカ東海岸のメリーランド州（地図①参照）で、父、母、姉三人、兄一人、弟三人、妹一人の十一人家族だった。ところが記録によるとタブマンがまだ幼かった一八二五年、最年長の姉（当時の記録では十六歳）がミシシッピー州から来た奴隷商人に売られてしまう。奴隷の輸入は一八〇七年に制定された奴隷貿易禁止法によって禁じられていたが、国内での奴隷売買はあいかわらず盛んに行なわれていた。奴隷が所有物（chattel＝動産）である以上、売るも買うも所有者の一存である。奴隷の立場からすれば親兄弟がいつ売り飛ばされるかも分からない。重労働や病気、主人のムチ以上に恐ろしいのは家族との突然の別れだった、と証言する奴隷は多い。このときのタブマンはまだ物心がつくかつかないかという年齢だが、父と母の嘆きをよく覚えていたという。この原体験がのちのタブマンの行動を決定づけることになる。

では、タブマンはどんな子どもだったか。十歳になる前に近所の家へ「貸し出された」彼女の初仕事は織物だった[3]。だがコツがいっこうにつかめない。何度教えられても織機をうまく扱えない。業を煮やした女主人はこの小さな奴隷を夫に譲ることにする。それはすなわち屋外での、よりきつい仕事を意味していた。それでも当時のタブマンは、つねに女主人の監視の目にさらされる屋内の仕事よりは息がつける、とむしろ安堵したらしい。以後、彼女は何度か貸し出され、いつも男の子と並んで畑や森での力仕事をあてがわれた。決して丈夫な方ではなかったが、十歳を過ぎる頃には肉体労働のおかげで筋肉がつき、道具を使いこなせるようになる。また、メリーランド州特有の森や沼地をどう歩けばどこに出るか、風を読み、獣道を見分ける力をつけてゆく。こうしたサバイバル・スキルがなければ、タブマンの人生はまったく違ったものになっていたに違いない。

もう一つ、タブマンの生涯に影響を及ぼす出来事を紹介しよう。ある日、まだ十代の彼女が雑貨屋へ遣いに行くと、店内でもめ事が起きていた。近所の奴隷が主人にとがめられていたらしく、奴隷は外へ逃げだし、主人はとっさにつかんだ約一キロの鉄の重り(砂糖や小麦を測るために使われていた)を奴隷めがけて放り投げた。直撃を受けたのは折悪しく戸口にいたタブマンだった。頭に当たって意識を失ったまま、貸し出し先に担ぎこまれて二日が過ぎ、三日目には意識を取り戻したが、適切な治療も受けずにそのまま畑仕事に行かされたときは「汗と血が流れて何も見えなくなった」(4)と彼女は回想する。

ようやく家に帰されたタブマンの傷は少しずつ癒え、彼女は今までどおり屋外での仕事に就いた。だがそれ以降、畑仕事や馬をひいている最中など、時を選ばずいきなり眠り込んだり、激しい頭痛に苦しめられるようになり、幻視や幻聴を経験し始める。敬虔なキリスト教徒だった彼女はそうした現象を「神さまからのお告げ」と受け止め、重要な決断や行動のよりどころとした。どんな窮地にあっても動じることなく正しい判断が下せるのは、神さまが直接語りかけてくださるからだ、と後にタブマンは述べている。

2　自由州への逃亡

一八四九年、タブマンにとって大きな転機が訪れる。その年の三月、彼女を所有する奴隷主エドワード・ブローデスが他界。未亡人は残された借金を整理するため、奴隷を何人か売りに出すことにした。タブマンは調子がよければ剛力だし働き手として悪くはないが、病気がちな上に突然眠り込んでしまう。しかも三十歳に近い年齢を考えると、奴隷主にとっては新たな資産となる子どもを生む可能性も薄い。財産価値が低い彼女は真っ先に売り飛ばされるだろう。奴隷商人の手に渡ったら最後、遠く離れた深南部へ連れて行かれるのが常で、家族とは二度と会えない。主人の死から数カ月たった秋のある日、ついに彼女は逃亡する。めざすはメリーランド州のすぐ北に位置するペンシルベニア州である（地図①参照）。

なぜペンシルベニア州なのかと思う読者もいるだろう。アメリカ合衆国では建国以来、州ごとの自治がさまざまな領域で認められており、奴隷の所有についても対応はまちまちであった。タブマンが住むメリーランド州では、奴隷解放をめざす動きがまったくなかったわけではないが、一六六三年に黒人奴隷制度が州内で法制化されて以来、制度変更はほとんどなされていない。それに対してすぐ北のペンシルベニア州では、国内でもっとも早い一七八〇年に奴隷制度廃止をめざす法案が可決されている。つまりメリーランド州からペンシルベニア州に一歩足を踏み入れれば、黒人は奴隷としての身分から解放されたのである。その情報は口づての噂としてタブマンたちにも伝わり、こうして彼女は、ほかの多くの逃亡奴隷たちと同じように、昼は身を潜め、夜になると北極星を導き手として、見知らぬ土地をひたすら北進した。

地図①　合衆国東海岸。タブマンはポプラ・ネックからフィラデルフィアへ逃亡後，さらに北のカナダへ移住した。

とはいえメリーランド州ドーチェスター郡ポプラ・ネックに住むタブマンの生活圏からペンシルベニア州の州境まではおよそ一五〇キロ。どんなに野道を読むことに長け、沼地を知り、サバイバル・スキルを身につけていたとしても、タブマンが独力で動くのは並大抵のことではない。しかも逃亡が発覚した時点で「告知」が出され、賞金目当ての男たちが奴隷狩り用に訓練された狩猟犬を放ちながら、じきに追いかけてくるだろう。身一つで地図もなく、「ペンシルベニア州」がどんな場所なのか想像もつかずに北をめざすタブマンの逃亡は、無謀に過ぎるのではなかったか。

逃亡から二十年を経た一八六九年に出版された伝記(タブマン本人への聞き書きによる伝記として、現在読むことができる唯一のもの)には、彼女がどのように北へ逃げ延びたのか、具体的なことは何も記されていない。[5] 一八六九年といえば南北戦争が終結してまだ四年弱、タブマン自身、用心のため敢えて黙したとも言われている。正確な逃亡ルートや協力者の名前はいまだに分かっていないが、彼女が住んでいた地域が逃亡に有利だったことは事実である。メリーランド州のすぐ北が自由州だった、というだけではない。それ以上に幸運だったのは、タブマンが住んだポプラ・ネック一帯ではすでに十七世紀末からクエーカー教徒が根をおろしていたことだ。

クエーカー教徒(正確には「キリスト友会」Religious Society of Friends)は非戦非暴力をかかげる敬虔なプロテスタントの一派で、一七七〇年にはいち早く信徒の奴隷所有を禁じ、奴隷制度廃止を世に訴え、ほかの人道主義者たちと手を携えて秘密裏に奴隷の逃亡を助けていた。網の目のように広がった彼らの組織は「地下鉄道」と呼ばれ、奴隷たちは「駅員」のいる「停車場」をつぎつぎに(ちょうどバケツ・

リレーのように）経由しながら、ときには「車掌」がつく「客車」に乗り、「終着駅」（自由州、後にはカナダ）まで到達した。タブマンが主人の領地から逃げ出して最初に訪ねたのも、近所に住むクエーカー教徒で地下鉄道の一員、ハンナ・レバートンの家だったと言われている。そこでタブマンはメッセージを書き込んだ一枚の紙を切符がわりに手渡され、次の停車場まで夜陰に紛れて歩を進めた。

先述のとおり、タブマン逃亡時の詳細は分かっていないが、彼女が語ったところによると、ある停車場での様子はおよそ以下のとおり。ある日の午後遅く、タブマンが何軒目かの停車場に着くと女性が出迎えてくれた。例の紙切れを渡すと、女性は唐突にホウキを持ってきて庭の掃除をするように言う。「駅員」といえども結局は黒人を差別してこき使うのか、と早合点してはいけない。働いているように見せかけるのが、もっとも自然で怪しまれないのだ。夕刻、畑から戻ってきた家の主が荷馬車を用意してくれたのでタブマンはその荷台に潜り込み、日没とともに出発。隣町の端までたどり着いたところで下ろされた。そこから次の「停車場」まではさほど距離もなく、タブマンは与えられた指示に従って夜道を抜けたという。

メリーランドから逃げ出して約三週間、タブマンはペンシルベニアの土を初めて踏むことになる。このときのことを彼女はこんなふうに語っている。

私は自分の手をじっと見つめました。今や自由になったのですから、それまでとは別人になっているのではないかと思ったのです。すべてが美しく、神さまの栄光に満ち、陽の光が木々の間や畑の

上に、黄金のように降り注いでいました。まるで天国にいるような心地がしました。(6)

しかしそれほどの喜びも、その後の深い孤独に打ち克つことはできなかった。

3　タブマンの秘かな野望

タブマンが新しく居を定めたペンシルベニア州フィラデルフィアには、植民地時代以来、自由な空気が満ちていた。多くの奴隷制度廃止論者が活動し、逃亡奴隷の受け入れにも寛大で、「自由黒人」となったかつての逃亡奴隷たちは、相互扶助的なコミュニティを形成しながら新たな生活を立ち上げていた。タブマンも比較的たやすく仕事を見つけ、ホテルや個人の家に住み込んで家事や料理人としてせっせと働いたという。じつは自由州に一歩足を踏み入れたときに、彼女は決意を固めていた。メリーランドに残してきた家族を連れ出すという決意である。

再び彼女の言葉を引用しよう。

あんなに長く夢見た境界線を私は越えることができました。自由になったのです。でもこの自由の土地で私を迎えてくれる者は誰もいません。私は知らない土地のよそ者でした。[…]だから決心したのです。私が自由なら彼らも自由になるべきだ、と。みんなのためにこの北部に家《ホーム》を作ろう。

そして神さまのお助けを得て、みんなを一人残らずここへ連れてこよう。(7)

どんなに自由になってもその喜びを分かち合う家族がいない――これが大半の逃亡奴隷たちを待ち受けていた現実だった。奴隷から自由黒人になった多くの者たちは「家族を置き去りにして自分だけ逃げてきた」という自責の念を抱えたまま生きていく。だが、タブマンはそれを良しとしなかった。彼女は黙々と働いて得た金の大半を家族救出のための資金として蓄え、人脈を広げ、情報を集めながら、辛抱強くチャンスを待ち続けた。

折しもタブマンが逃亡に成功した翌年の一八五〇年には、アメリカで逃亡奴隷取締法が制定され、締めつけはいっそう厳しくなってしまう。この悪法は奴隷所有者の財産保護を目的としたもので、これにより、たとえ北部自由州であっても、保安官をはじめとする公権力は逃亡奴隷の返還に協力しなければならない。一般人も、逃亡奴隷をかくまったり逃がしたりすれば罰金・投獄の厳罰に処される。つまり一度逃げ出した奴隷は、アメリカ国内に留まる限りいつ所有者の元へ連れ戻されるか分からない。フィラデルフィアに逃れたタブマンのような元奴隷たちは、この取締法制定を機に、こぞってカナダへ移住した。そうせざるを得なかったのである。さらにいえば、南部の奴隷にとっては自由の地はいよいよ遠く、逃亡はますます危険になった。

だがこの取締法は、北部自由州の人々や奴隷制度廃止論者の猛烈な怒りを買うことにもなる。それまで隣人として暮らしてきた黒人が、逃亡奴隷かどうかの正当な事実確認もなく、いきなり捕獲・返還されてしまう——そうした非人道的な行為への反発が強かった。さらにこの法律によって、自由州の人々は、別の州（の奴隷所有者）のために自分たちの行動が規制されることになる。取締法を、独立以来尊重されてきた州ごとの自治権への侵害ととらえ、原理的な問題と考える者も多かった。奴隷州に返される黒人が増えれば増えるほど抵抗は激しくなり、結果として「地下鉄道」の組織化と結束が進んだのがこの時期であった。タブマンは字の読み書きはできなかったが、信頼できる情報源を確保することで、こうした社会情勢を迅速かつ的確に把握し、その上で家族救出の計画を立てていった。

きっかけは、従姉妹のケサイアと二人の子どもが売りに出される、という知らせだった。この身売りをなんとしてでも阻止したい。そう考えたタブマンは日頃の準備を十全に活かし、一八五〇年十二月、すでに逃げ延びてきたケサイアの夫と協力して、従姉妹とその子どもたちをフィラデルフィアへ、そしてカナダへと逃亡させることに成功する。地下鉄道を利用した、彼女の初めての車掌役であった。

4　黒人たちのモーセ

それを皮切りに、タブマンは自ら故郷のドーチェスター郡や近郊のキャロライン郡に繰り返し潜入し、兄弟や年老いた両親だけでなく、彼女を頼ってきた奴隷たちを次々に終点まで導くことになる。乗客を一人も失ったことがない——それが彼女の自慢だった。タブマンに言わせれば「神さまのご加護のおかげ」であり、実際、彼女の度重なるメリーランド潜入・脱出を奇跡と呼ぶ者も多い。たしかにタブマンの車掌ぶりには奇跡的なところがあった。年を追うごとにタブマンの噂は白人たちの耳にも届き、ピストルとムチとナイフを持った賞金稼ぎたちが、彼女の首を求めて執拗に迫ってくる。加えての取締法である。逃亡奴隷が一度ならず、何度も奴隷州に戻ること自体、きわめて珍しい。だが彼女の驚くべき成功率は決して奇跡というだけではない。すべては周到かつしたたかに準備され、計算された結果であった。

たとえば情報戦略。一八五〇年代半ば、人々は誰からともなくタブマンのことを「モーセ」と呼ぶようになる。モーセは旧約聖書に登場し、エジプトで奴隷として捕らわれていたヘブライ人を、約束の地へ救い出す預言者だ。家族や仲間を自由州やカナダへ手引きするタブマンにこれほどふさわしいあだ名はないだろう。ただし女である彼女を男の名で呼ぶのは、正体を隠すためのコードネームだからとも言われている。その「モーセ」のコードはさまざまなコンテクストで使われた。以下は当時の黒人にとてもよく知られた霊歌《スピリチュアル》「行け、モーセよ」からの一節。

Oh go down, Moses,　　行け、モーセよ
Way down into Egypt's land,　　遠く離れたエジプトの土地へ
Tell old Pharaoh,　　そしてファラオに告げよ
Let my people go.　　我が民を解放せよ、と。(8)

意味は説明するまでもないだろう。この霊歌は、タブマンが近くに潜んでいることを知らせる暗号として機能したという説がある。読み書きができず、集会の自由も奪われた黒人奴隷にとって、歌は何よりも重要な情報伝達手段だった。昼間、畑の各所に点在する奴隷たちは口々にこの歌を歌い、タブマン来訪の知らせをすみずみまで行き渡らせたという。

タブマンが用いた「戦略」は他にもいくつか伝わっている。たとえば逃亡したい仲間や家族を集めて北へ出発するのは、土曜の晩が多い。奴隷が逃げ出した場合、たいていの奴隷所有者は新聞に賞金額つきの手配記事を載せるのだが、日曜の新聞印刷は休みだったので月曜までは新聞が出ない。時間を稼げれば、その分、遠くまで逃げのびることができるわけだ。町のあちこちに貼られる「逃亡奴隷告知」のポスターについては、人を雇い、貼られるそばからはがすよう算段した。逃亡を決意した黒人の集合場所は墓地である。先述したように黒人奴隷は集会を禁じられていたが、墓地は例外だったので複数の黒人が集まっても怪しまれない。逃亡の季節はおもに冬。言うまでもなく夜が長く、昼間でも畑仕事が少ないので人々は家に閉じこもり、黒人がひそかに出歩いても人目につきにくい。

これらは地下鉄道の車掌役を担う者の常套手段だったが、タブマン個人の臨機応変な知恵者ぶりをうかがわせるエピソードも伝わっている。たとえば老人や男性を装う。中流階級の自由黒人ふうにシルクの帽子やドレスを着込む。読み書きができないと思われていることを逆手に取り、新聞を広げて読んでいるふうに見せる（彼女の言によれば「新聞が上下逆さまになっていないことを祈りながら」）。親族を連れ出すため、彼女の顔を知る者が多い故郷でしばらく滞在しなければならなかったときのこと。昼間、町中を歩く用事のあった彼女は、まず市場で何羽かニワトリを買い、足を束ねて持ち歩いたという。案の定、かつての主人が目の前を歩いてきた。タブマンはかぶっていた帽子の縁を下げて顔を隠す。そしていよいよすれ違いざま、ニワトリの足を縛っていた紐をぐっと引くと、ニワトリたちは大声をあげ羽をばたつかせて騒ぎ出した。元主人はタブマンの顔ではなくニワトリに気を取られ、こうして彼女はまったく怪しまれずに元主人の鼻先をかすめ、目的の場所へ行き着くことができたそうだ。

タブマンの奴隷州潜入の回数は、南北戦争が勃発する一八六一年までの約十年間に十三回、彼女が自ら車掌として北へ導き出した黒人の数は七〇人を超えることが分かっている(9)。彼女の指示を仰いで逃亡ルートを教わり、自力で逃げ延びた者も加えれば、一五〇人ほどの奴隷がタブマンのおかげで自由になった。家族や仲間を解放したいという強い信念、神さまが守ってくださるという揺るぎない信仰、そして地下鉄道ネットワークへの確たる信頼。これらを心の糧として、激しい頭痛や突発性の睡眠発作をものともせず、あらん限りのスキルとリソースを活用しながら何度も奴隷州へ潜り込んだタブマンは、そのたびに脱出に成功したのである。

5　南北戦争での働き

一八六一年四月、南部連合（いわゆる南軍）がサウス・カロライナ州にある連邦政府（いわゆる北軍）の要塞を攻撃し、それを契機に南北戦争が勃発した。その一カ月ほど前に、リンカーンは大統領就任演説で「いくつかの州には奴隷制度が存在するが、私には直接的にも間接的にもその制度に干渉する意図はない」[10]と述べている。つまり奴隷制度には手をつけないと宣言したのだ。しかしフレデリック・ダグラスなど多くの奴隷制度反対論者は、当初から南北戦争を奴隷解放への本格的な第一歩ととらえており、彼らの熱心な活動はやがて戦局をも左右するところとなった。そして一八六二年九月、リンカーンはついに奴隷解放予備宣言に踏み切る。その内容とは、南部連合の諸州が翌年の一月一日までに連邦に復帰しないかぎり、それらの州の奴隷は「この日、それより以降、そして永遠に自由を与えられる」[11]というものだ。この予備宣言にもかかわらず連合（南部）の連邦（北部）復帰は実現せず、こうして一八六三年、かの有名な「奴隷解放宣言」が署名・発布されたのである。

この宣言にはさまざまな問題点があったものの、多くの黒人は北軍が勝てば奴隷制度が廃止されると信じていた。タブマンもその一人だった。かねてより彼女の強い熱意と統率力、そして情報収集能力に着目していたマサチューセッツ州知事ジョン・アンドリューは、タブマンに協力を依頼。こうして一八六二年一月、彼女はサウス・カロライナ州ポート・ロイヤルへ向かった（地図①②参照）。

実は、この地域一帯のプランテーション所有者たちは早期の南軍勝利を期待し、一時的な避難のつもりで急遽この地を離れ、別宅や別荘に移り住んでいた。北軍が侵攻した時点で置き去りにされていた黒人奴隷の数は約一万人。彼らの処遇をめぐってはかなり激しい議論の末、一つの「実験」が行なわれることになった。解放された奴隷たちがすみやかに自由市民として暮らせるよう、衣食住から職能訓練まで下支えをする「ポート・ロイヤルの実験」である。この実験は、南北戦争が北軍の勝利に終わり、奴隷たちが解放された後の南部再建シミュレーションとも見なされ、黒人が自主的かつ効率的に働けることを懐疑派に対して証明する絶好の機会でもあった[12]。タブマンはこの社会実験の一端を担い、解放された黒人たちの自立を手助けしながら軍との橋渡し役をつとめ、食糧配給、洗濯、そしてけが人や病人の介護に奔走した。

ポート・ロイヤルに赴任してしばらくすると、彼女はここでも黒人仲間との信頼関係を築き、白人では入手できない地元の情報を得るようになってゆく。ちょうどこの頃、現地に駐留していた北軍は、ポート・ロイヤルの東を流れるコムビー川をさかのぼって内陸まで進むことを計画していた。そこで幹部が目をつけたのがタブマンである。地下鉄道で鍛えられたさまざまな能力を活かすべく、さっそく彼女をリーダーとする斥候隊が組織された。タブマンの任務はあらかじめ敵地に潜入して地形や地理、地雷原の在り処など、守りの状況をつぶさに報告

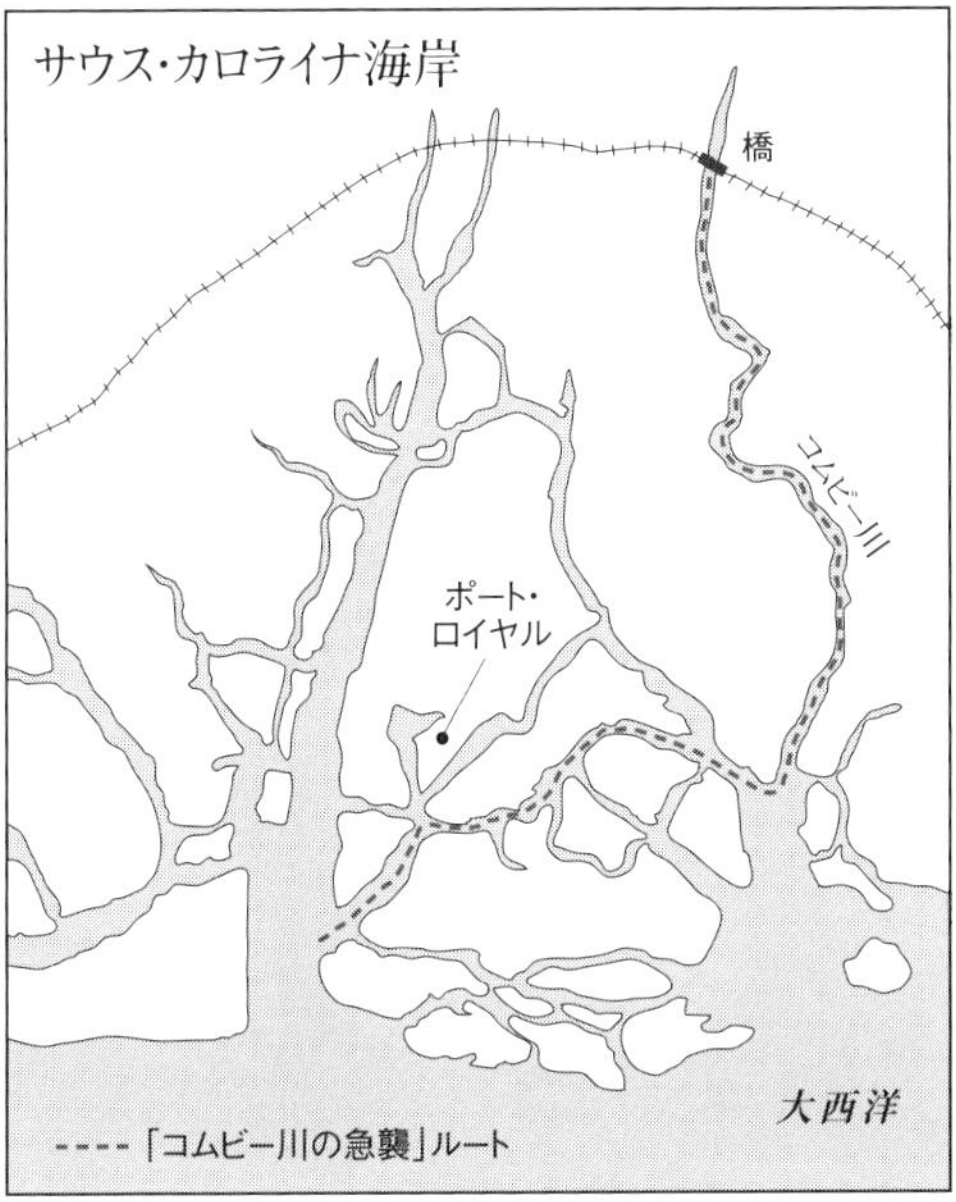

地図② サウス・カロライナ州の南部にあるポート・ロイヤル一帯は，タブマンが生まれ育ったポプラ・ネック近辺に似て，川と湿地が多く，地形も入り組んでいた。

すること。いわゆるスパイ役であった。

タブマンはそれから数カ月、期待を裏切らない成果をあげ続ける。そして現地情報がほぼ出そろい、準備が整った一八六三年六月、北軍はコムビー川を遡った。先陣を切る戦艦ジョン・アダムス号でジェイムズ・モンゴメリー大佐と肩を並べたタブマンは、女性として初めての（そして男と偽って軍に加わった女性たちを除けばほとんどただ一人の）戦闘員として、南北戦争に参加した。目的は敵地制圧だったが、結果として北軍は、河口から約六五キロにおよぶ沿岸地域で黒人奴隷をつぎつぎに解放し、その数は七〇〇人以上にのぼる。こうして「コムビー川の急襲」は成功をおさめ、その戦術は条件が類似するほかの地域でも用いられるなど、一つの定石にまでなった。（なお、二〇一二年現在、コムビー川にかかる高速十七号線の橋は、ハリエット・タブマン橋と命名されている。）

6 晩年

その後もタブマンはポート・ロイヤルを中心に北軍（より正確には黒人奴隷解放）のために尽力し続けた。そして一八六五年四月、ヴァージニア州モンロー要塞で黒人兵の看護にあたっているとき、彼女は終戦の知らせを耳にする。同年十月、ほとんど無一文で家族のもとに帰還。それから息を引き取るまでの約五十年間はニューヨーク州オーバーンで、大家族をたった一人で養いながら、奴隷の身分から解放されて新生活を立ち上げようとする黒人たちを支援し続け、さらには女性の参政権獲得のために精力的な活動を展開する。私財を蓄えることには無頓着だったので、資金繰りには終生苦労したらしい。三年以上軍のために働きながら、その間タブマンはほとんど無給だったし、白人兵士が受け取る年金もタブマンには支払われなかった。せめて年金だけでも、と申請すると、兵士として正式入隊した記録がないので支給不可、の回答が届いた。タブマンは従軍を証明するため、自らの功績をたたえる新聞記事や証言を集め、何度も政府に提出し、年金受給の正当性を申し立てた。彼女の訴えが認められたのは、戦争が終結して三十年以上が過ぎた一八九九年、タブマンが八十歳になろうという年であった。支給額は一カ月二〇ドル――決して十分とは言えなかったが、黒人女性としての正当な権利を認めてもらう象徴的な意味合いが強かったという。その十四年後の一九一三年、タブマンは無一文のまま、自らが創設した黒人のための老人ホームで息を引き取った。

本書で紹介されている「国際社会人」のなかで、ハリエット・タブマンは異色の存在かもしれない。彼女は自国アメリカから一歩も出ることなく生涯を終えたし、国際的に有名とは言い難い。驚くほど精力的ではあったが、その言動はむしろ人目につかないことが肝心だったので今なお謎が多く、「活躍」という言葉につきものの派手さともおよそ無縁。だが圧倒的な異文化を背景とする白人と暮らすなかで、タブマンは「人としての尊厳」を何よりも大切にした。そうした彼女の価値観は時間や場所を越えた普遍性を持ち、だからこそ、彼女は今なお多くの人々の尊敬を集め、インスピレーションの源となっているのだろう。

そう、「国際社会人」であるためには必ずしも他国の土を踏む必要はない。異文化はさまざまな位相や領域で存在する。活動の場が海外だろうと国内だろうと、自分の足下の問題を解決し、大切な何かのために地道に行動すること。その「何か」が国や時代を問わず共感される価値を内包していること。タブマンはそんな第一義的な「国際社会人」のありようを現代の私たちに示してくれる。

肺炎で病床に伏したタブマンが、死ぬ直前に残した最後の言葉は次のとおり。「先に行ってあなたのための場所を用意しておきましょう。私がいる場所に、あなたも来ることができるように[13]」。――終生利他的だった、いかにも彼女らしい言葉である。

■注

（1）Frederick Douglass, *Narrative of the Life of Frederick Douglass, An American Slave*, Charleston: Bibliobazaar, 2007, p. 2.

（2）伝記作家Lowryは一八二二年、Larsonは一八二〇年の立場をとっている。Beverly Lowry, *Harriet Tubman—Imagining a Life*, New York: Anchor Books, 2007; Kate Clifford Larson, *Bound for the Promised Land*, New York: Random House, 2004.

（3）奴隷主たちは、手っとり早い現金収入が必要な場合、しばしば奴隷を近隣に「貸し出して」いた。

（4）Lowry, *op. cit.*, p. 91.

（5）Sarah Bradford, *Harriet Tubman—The Moses of Her People*, New York: Dover Publications, 2004 (orig. pub. 1886, based on a 1869 publication).

（6）*Ibid.*, pp. 17-18.

（7）*Ibid.*, p. 18.

（8）*Ibid.*, p. 21.

（9）Bradfordの*Harriet Tubman*には三〇〇人以上と記され（p. 19）、それが半ば伝説化したが、その後の研究（eg. Larson, *op. cit.*, p. 100）で彼女が自ら連れ出した黒人の数は実際には七〇数人だったと推定される。

(10) "I have no purpose, directly or indirectly, to interfere with the institution of slavery in the States where it exists." 全文は http://bartleby.com/124/pres31.html などで読むことができる。

(11) "... shall be then, thenceforward, and forever free" 全文は http://www.theatlantic.com/past/docs/issues/99sep/9909lincemancl.htm などで読むことができる。

(12) 暗殺されたリンカーンのあとを継いで就任したジョンソン大統領により、この実験は一八六五年に中止される。残念なことにその成果が南部復興に活用されることはなかった。

(13) "I go away to prepare a place for you, that where I am you also may be." (Larson, *op. cit.*, p. 289)

〔補記〕本論は注に記した Bradford, Larson, Lowry の他、次の文献を主たるよりどころとした。

Catherine Clinton, *Harriet Tubman — The Road to Freedom*, New York: Little, Brown and Company, 2005.

Jean M. Humez, *Harriet Tubman: The Life and the Life Stories*, Madison: University of Wisconsin Press, 2004.

▩推薦図書

ハリエット・タブマンについて書かれた日本語の文献は少ない。以下にあげるのは、わずかながらでも彼女に言及している書籍である。

大井浩二『アメリカのジャンヌ・ダルクたち——南北戦争とジェンダー』英宝社、二〇〇五年

日記、手紙、回想記を通して女性たちが南北戦争とどのように向き合ったのかを探る書。第六章「解放されたアフリカ系女性たち」のおよそ半分がタブマンに割かれている。タブマン自身が書き記した史料はないので、本論でも依拠したブラッドフォードの聞き書き伝記ほか、二冊の研究書がベースとなっている。

本田創造『アメリカ黒人の歴史（新版）』岩波新書、一九九一年

アメリカが独立する以前の植民地時代から現代に至るまで、ほぼ年代順に黒人の歴史を概説。地下鉄道について数ページが費やされ、ハリエット・タブマンへの言及もある。新版は一九六四年に出版された旧版に大幅な加筆修正を行っているが、読みやすさと精度は変わらない。

一方、奴隷制度あるいは南北戦争については、日本でも多くの書籍が出版されている。ここでは本論とゆるやかに関連し、かつ比較的新しくて入手しやすいもののみを記す。

フレデリック・ダグラス『数奇なる奴隷の半生』岡田誠一訳、法政大学出版局、一九九三年

本文でも触れ今なお大きな影響力をもつ、元奴隷にして黒人解放活動家フレデリック・ダグラスの自叙伝。原文 *Narrative of the Life of Frederick Douglass* は次のアドレスで読むことができる。とても読みやすいのでぜひ原文を読み、ダグラス自身の言葉のリズムや勢いを味わってほしい。

URL: http://www.gutenberg.org/files/23/23-h/23-h.htm

ハリエット・ビーチャー・ストウ『新訳　アンクル・トムの小屋』小林憲二監訳、明石書店、一九九八年

もともとは連載小説として新聞に掲載され、一八五二年に単行本として発行されるや三〇万部を超えるベストセラーとなった。奴隷解放運動に拍車をかけたと言われている。シェルビー家の黒人奴隷トムの一生をたどるこの物語は、児童書として多くの日本人にもおなじみだが、あらためて作品を読み直せばきっと新たな発見があるはず。

荒このみ『史料で読むアメリカ文化史〈2〉独立から南北戦争まで　一七七〇年代―一八五〇年代』東京大学出版会、二〇〇五年

十八世紀後半から十九世紀半ば過ぎまでの文化を、当時の文献の対訳と解説を通して知ることができる。上記のダグラスやストウの著作からの抜粋や、独立宣言、リンカーンの演説など、基本をおさえながら多様性に富んだセレクションになっている。過去に書かれた「ことば」を通して時代の息吹を感じてみよう。

内田義雄『戦争指揮官リンカーン――アメリカ大統領の戦争』文春新書、二〇〇七年

南北戦争当時の最新技術である「電信」に着目して、リンカーンと戦地の関わりを探ろうとする視点が新鮮。奴隷解放宣言を執筆する際のリンカーンの葛藤がていねいに描かれており、山場の一つとなっている。

辻内鏡人『アメリカの奴隷制と自由主義』東京大学出版会、一九九七年

奴隷解放を人種・人権ではなく経済、より正確には自由主義の側面から捉えようとする。黒人解放を思想的に後押ししていたはずの「労働の自由」イデオロギーが、いつしか従属を正当化する装置として機能する、その変遷が興味深

い。

益子務『ゴスペルの暗号——秘密組織「地下鉄道」と逃亡奴隷の謎』祥伝社、二〇一〇年

いささか扇情的なタイトルだが、本書は黒人霊歌やゴスペルが「暗号」として使われていたという説に着目し、時代背景を紹介しながら各曲の意味を解き明かす。英語の歌詞に対訳がついているので、提示された解釈を検証しやすい。YouTubeなどで実際に曲を聴いてみることをお薦めする。

〈映像〉

"Harriet Tubman Song by Cee Cee Michaela"

YouTubeでHarriet Tubmanを検索すると二〇一二年九月時点で二八一〇件ヒットする。なかでも"Harriet Tubman Song by Cee Cee Michaela"は、タブマンの写真を織り交ぜながら地下鉄道で活動していた頃の彼女の様子を歌っており、歌詞が簡単でリフレインも多く、とても分かりやすい。本論で言及した黒人霊歌「行け、モーセ」は、Go Down Mosesと打ち込むといろいろなヴァージョンが挙がる。それぞれ短いのでいくつか聞き比べてみよう。

A Woman Called Moses（監督：ポール・ウェンコス／主演：シシリー・タイソン、一九七八年）

二四〇分のテレビドラマとして放映された本作は、一九七二年にアカデミー賞候補にあがったシシリー・タイソンを主演に迎えるなど、かなりの力作。だが、三十年以上前の作品なので、考証に難がある点は否めない。二〇〇一年にはDVDが発売されており、タブマンの根強い人気が窺われる。

『リンカーン／秘密の書』（監督：ティムール・ベクマンベトフ／主演：ベンジャミン・ウォーカー、二〇一二年）

リンカーンがじつはヴァンパイア・ハンターだった、という奇想天外・荒唐無稽な物語だが、地下鉄道ならびにタブマンがプロット上、重要な役割を担う。史実との混同に気をつけながら、衣装や髪型、家具・調度品など、当時の様子を視覚的に楽しむのも一興。

＊地下鉄道

地下鉄道については、アメリカのケーブル局ヒストリー・チャンネルが製作した*Underground Railroad*（2003）や、非営利公共放送PBS製作の*Underground Railroad—The William Still Story*（2012）など、いくつかのドキュメンタリーがある。それらのDVDは残念ながら日本で入手・視聴するのが難しいが、アメリカの大学のAVライブラリーには必ずといっていいほど所蔵されているので、留学など

の際にチェックしてみるといいだろう。

＊南北戦争

『グローリー』（監督：エドワード・ズウィック／主演：マシュー・ブロドリック、デンゼル・ワシントン、一九八九年）

南北戦争を描いた映画は枚挙にいとまがないが、ここではボストンのロバート・グレン・ショー大佐率いるマサチューセッツ第五四連隊を描いた作品をあげておこう。第五四連隊はアメリカ史上初の黒人志願兵部隊の一つ。組織したのは、タブマンをポート・ロイヤルへ送ったマサチューセッツ州知事ジョン・アンドリューだ。第五四連隊が壮絶な戦いの末に敗北を喫したワグナー砦の戦場には、タブマンも看護師兼料理人として赴いている。ボストンへ行く機会があれば、アメリカ最古の都市公園「ボストン・コモン」にある第五四連隊の記念碑をぜひ見てきてほしい。

『リンカーン』（監督：スティーヴン・スピルバーグ／主演：ダニエル・デイ・ルイス、二〇一二年）

南北戦争が終結すると奴隷解放宣言が実効性をもたなくなることを恐れ、リンカーンは奴隷制度を禁止する憲法修正第十三条の可決・批准をめざす。その際のリンカーンの苦悩や、第十三条をめぐって展開される内閣や議会での駆け引きがつぶさに描かれている。一五〇分と長尺だが、映画としても二〇一二年の大きな収穫。

■関連情報

＊ハリエット・タブマン・ホーム（Harriet Tubman Home）

ニューヨーク州オーバーンにはタブマンが息を引き取った老人ホーム、彼女の家、そして彼女が通った教会が残され、現在ではいずれも歴史的建造物に指定されている。老人ホームは博物館として利用され、タブマンのベッドや衣類、写真などを見ることができる。

URL：http://www.harriethouse.org/ame.htm

＊ハリエット・タブマン博物館（Harriet Tubman Museum and Education Center）

彼女が生まれ育ったメリーランド州ドーチェスター郡にある博物館。規模こそ小さいものの内容は充実しており、館内ツアーのみならず、タブマンにゆかりのある町の各所を案内してくれるウォーキング・ツアーも実施されている。

URL：http://www.harriettubmanorganization.org/

第5章

リゴベルタ・メンチュウ（1959-　）

政治的暴力に抗して

壮麗なピラミッドや独特の文字体系、高度な天文学の知識などで知られるマヤ文明が栄えた国、グアテマラ。残念ながら、この国の〝いま〟を伝えるニュースが日本に届けられることはきわめて稀である。

マヤの血を引く先住民女性としてグアテマラの寒村に生まれ育ったリゴベルタ・メンチュウは、内戦を通じて両親と弟を相次いで惨殺されるという悲劇を乗り越え、先住民や少数民族の権利の回復をめざす国際的な人権活動家としての道を歩みはじめた。数々の困難に満ちた彼女の足跡は、少数者の視点から眺められた世界の〝ゆがみ〟を暴き出すものであり、強者と弱者、支配と被支配、富と貧困といった対立項にもとづく格差を生み出しつづけてきた国際社会のありようを根底から問い直すものである。

歴史の片隅に追いやられてきた先住民の〝声〟をとりもどそうとするリゴベルタ・メンチュウの苦闘から、私たちはいったい何を学ぶことができるだろうか。

大西　亮

1　ノーベル平和賞受賞

一九九二年十月、ノルウェーの首都オスロで行なわれたノーベル平和賞授賞式典に、カラフルな民族衣装を身につけたひとりの女性が登場した。彼女の名はリゴベルタ・メンチュウ・トゥム。中米グアテマラ生まれのマヤ系先住民女性である。緊張した面持ちでスピーチ原稿を読みあげるリゴベルタ・メンチュウは、ノーベル平和賞の受賞について、「わたし個人への賞ではなく、この五〇〇年もの歳月にわたって分断され、ばらばらにされ、大虐殺や抑圧、差別に苦しめられてきた先住民族の権利、人権、平和を確立するための闘いがつかみとった輝かしい成果のひとつだと考えます(1)」と語った。丸顔の柔和な表情からはうかがい知れない苛酷な歴史の生き証人として、その言葉は会場を埋めつくす聴衆の胸を打った。歴史の片隅に追いやられてきた先住民の〝声〟を世界にむけて発信したリゴベルタ・メンチュウの演説は、まさに画期的な意義を有するものだったのである。

リゴベルタ・メンチュウがノーベル平和賞を受賞した一九九二年は、コロンブスの新大陸到達五〇〇周年という節目の年にあたっていた。スペインをはじめ、北はメキシコから南はアルゼンチンにいたるまで、十九カ国におよぶスペイン語圏の国々でさまざまな関連行事が催されるなか、アメリカ大陸の先住民が中心となって「先住民族・民衆・黒人の抵抗の五〇〇周年キャンペーン」が組織され、各地で抗議デモや集会が繰り広げられた。コロンブスによる新大陸の〝発見〟とそれにつづくスペインによる征服・植民を通じて、アメリカ大陸の先住民たちは、差別や抑圧、搾取といった受難の歴史を歩むことになった。このような歴史認識を踏まえた「抵抗の五〇〇周年キャンペーン」は、先住民族の苦しみがけっして過去のものではなく、現在もさまざまな形のもとにつづいていることを世界にむけてアピールする一大イベントだった。リゴベルタ・メンチュウのノーベル平和賞受賞は、こうした先住民による抵抗運動が公の場で国際的な認知を得たことを示す象徴的な出来事でもあったのである。

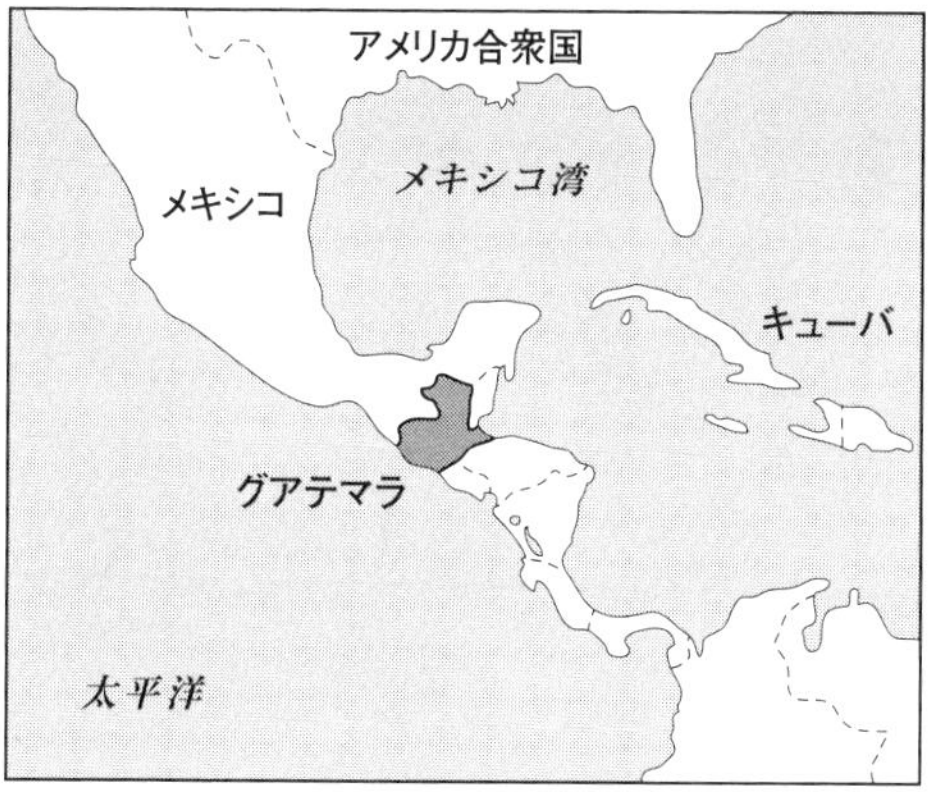

　その翌年、国連は世界人権宣言採択四十五周年にあたる一九九三年を「国際先住民族年」に定め、一九九四年十二月十日からの十年間を「世界の先住民の国際十年」とすることを総会で決議、先住民の人権回復に取り組むことを誓った。その実現にむけて奔走した人物のひとりがリゴベルタ・メンチュウである。

　中米の小国グアテマラに生まれ、国内のマヤ系先住民に対する凄絶な弾圧を生き抜いた彼女は、両親と弟を相次いで軍部に殺害されるという悲しみを乗り越え、不当に虐げられている先住民族の地位向上をめざす闘いに身を捧げた。そして、ノーベル平和賞の受賞を経て、国境を超えたグローバルな抵抗運動の立役者として、活躍の場をますます広げていくことになる。一九九三年九月には「国際先住民族年」の国連親善大使として来日し、北海道平取町二風谷《にぶたに》を訪問、アイヌの人々との交流をはかっている。当時の細川護熙首相や羽田孜外相との会談では、先住民の権利回復へむけた積極的な協力を日本政府に呼びかけている。来日直前には、タイ国境のミャンマー難民キャンプを訪れた。タイへ逃れたミャンマー難民たちをめぐる状況は、自らもメキシコへの亡命を余儀なくされ、同じくメキシコへ逃れたグアテマラ難民の帰還プロジェクトを手がけていたリゴベルタ・メンチュウにとって、看過できない問題であった。(2) 難民キャンプを視察したメンチュウは、自宅軟禁下におかれていたアウン・サン・スー・チーとの連帯を表明、人権侵害に抗する闘いをつづけていく決意を明らかにした。ほかにも、一九九三年六月の国連世界人権会議の際、中国政府がチベット民族の指導者ダライ・ラマ十四世の演説を認めなかったとき、同じノーベル平和賞受賞者としてこれに強く抗議するなど、世界の人権問題へ積極的に関与していく姿勢を前面に押し出している。

では、国際社会を舞台に活躍する人権活動家誕生の背景には、いったいどのようなドラマが隠されているのだろうか。次節からは、彼女の生い立ちをたどりながら、先住民に対する差別や抑圧の歴史をふりかえり、それが二十一世紀に生きる私たちに投げかけている問題について考えてみたい。

2 『私の名はリゴベルタ・メンチュウ』

リゴベルタ・メンチュウが自らの生い立ちを語った本がある。一九八三年に出版され、『私の名はリゴベルタ・メンチュウ——マヤ＝キチェ族インディオ女性の記録』と題されたこの本は、人類学者エリザベス・ブルゴスが行なったインタビューの内容を自伝のかたちに編纂したものである。[3] フランス語や英語をはじめ多くの言語に翻訳され、ラテンアメリカ諸国や米国、ヨーロッパを中心に幅広い読者層を獲得した。人権活動家リゴベルタ・メンチュウ誕生のいわば前史に光をあてた作品として、今日にいたるまで多くの人に読み継がれている。

この本のなかでメンチュウは、先祖代々伝わるマヤの伝統的な風俗習慣にのっとった少女時代の生活を回想している。子供の誕生を祝う儀式や共同体のさまざまなしきたり、薬草を使った蒸し風呂の習慣や、「万物の中心」であり「宇宙の心臓」である太陽に祈りを捧げるための祭儀など、自然との共生に支えられた牧歌的な暮らしは、しかしながらつねに貧困と隣り合わせの、きわめて不安定なものであった。高い乳児死亡率や恒常的な食糧不足、栄養失調、農園での過酷な労働。貧しい生活を強いられているマヤ系先住民族が人口の約六割を占めるグアテマラでは、ほんの一握りの富裕層が広大な農地を所有するという、不公平な土地分配にもとづく貧富の格差が顕著に見られた。メンチュウの家族もまた、山間部の痩《や》せた土地で自分たちのためにトウモロコシやインゲン豆を栽培しながら、現金収入を得るために、一年の大半をコーヒーや綿花、サトウキビ、バナナなど輸出用作物を栽培するプランテーション農園での出稼ぎ労働に従事しなければならなかった。

劣悪な衛生環境、粗末な掛け小屋での生活、わずかな賃金、現場監督による不正や搾取、暴力行為の横行、売春に頼らざるをえない先住民の娘たち。メンチュウの回想から浮かび上がるのは、支配と被支配の関係にもとづく差別的な労働環境の実態である。先住民労働者を支配するのは、白人やラディーノ

（＝白人と先住民の混血）を中心とする地主階級であり、さらに彼らの利益を代表するものとして、同じく白人とラディーノを中心とする政府や軍の関係者が権力構造の頂点を占めている。貧富の格差がそのまま人種間の従属関係を映し出しているところにグアテマラ社会が抱える問題の根深さがあった。メンチュウは上記の回想録のなかで、白人やラディーノに対する怒りや憎しみを繰り返し語っている。

支配階級による搾取や暴力を目の当たりにしながら成長していくリゴベルタ・メンチュウは、次第に社会正義を求める政治意識に目覚めていく。地主階級と結びついた政府軍が先住民たちの土地を奪取しようとすると、リゴベルタの父を中心に、先住民たちは一致団結して土地闘争を繰り広げた。リゴベルタは、父と行動を共にするなかで、すべての先住民を統括する組織的な運動の必要性を痛感する。その背景には、マヤ系先住民を取り巻く特殊な言語事情があった。

ひとくちにマヤ系先住民といっても、そこには二十一もの言語集団が含まれ、けっして一枚岩のエスニック集団ではないことに注意する必要がある。リゴベルタ・メンチュウが属するキチェ族のほかにも、マムやカクチケル、ケクチ、ポコムチなど複数の言語集団が存在し、それらの間で言語的コミュニケーションがまったく成り立たないことも珍しくない。グアテマラはその意味で、典型的な多民族・多言語社会であり、メンチュウ自身語っているように、そのことが「インディヘナ［＝先住民］の相互理解を阻み、インディヘナが自分たちの問題について互いに話し合えないのも、すべてこの言葉の違いのため」(4)という状況が生まれていたのである。こうした言葉の壁を乗り越えるためには、スペイン語という〝共通語〟の習得が不可欠となる。組織的な抵抗運動を展開するためには、支配者側の言語であるスペイン語を用いるしかない。かつての征服者であるスペイン人が持ちこんだ言語を、ほかならぬ反権力闘争の武器として利用しなければならないというのは、先住民にとってはまさに歴史的ジレンマを意味するものだったろう。キチェ語を母語とするメンチュウは、十九歳のときにはじめてスペイン語の読み書きを習いはじめたと述懐している。

言語をめぐるこうした状況は、農場労働者としての貧しい生活のなかでメンチュウが早くから経験したことであった。先住民労働者が手にするわずかな賃金は、さまざまな口実のもとに天引きされるのが常だった。労働者に対する差別や虐待も日常茶飯事だった。ところが、スペイン語を話すことのできない労働者たちは、抗議の声を上げようにも言葉が通じない。一方、そのほとんどがラディーノによって占められている農場監督者たちは、もっぱら公用語であるスペイン語で命令を下すばかりで、先住民の言葉を理解することができない。搾取にあえぐ農場労働者たちは、互いに力を合わせて団結しようにも、先に見たような言葉の壁に阻まれて意思の疎通もままならない。メンチュウは、「インディヘナはスペイン語がわかりませんから騙《だま》されてばかりなのに、しゃべれないために文句の一つも言えないのです」(5)と述べ、泣き寝入りするしかなかった生活を回想している。

こうして、白人やラディーノに対する反抗心を抱くようになったメンチュウは、スペイン語の習得に力を入れるとともに、農民の組織化に尽力していた父親の影響のもと、先住民の共闘にむけた活動に深く関わっていく。そして、先住民が暮らす共同体の土地を無理やり奪い取ろうとする政府軍に対しては、徹底的な抗戦を心に誓う。一九六〇年代から本格化するこうした抵抗運動は、さまざまなゲリラ組織の結成を一方で促しながら、やがて政府軍との全面的な武力紛争に発展、一九九六年に終結するまで三十年以上にわたってグアテマラ国内を混乱に陥れた。マヤ系先住民に対する殲滅作戦《ジェノサイド》としても知られるグアテマラ内戦である。国連の推計によると、内戦によって六二六の村落が焼き払われ、死者・行方不明者数は二〇万人以上、ほかに一五〇万人の国内避難民および一五万人にのぼる国外難民が発生した。拷問や身体切断、広場や道路脇への死体の放置など、非人道的な手段による加害行為も多数報告されている。軍部による徹底的な弾圧は、十六世紀のスペイン人による征服に匹敵するほどの惨禍を先住民にもたらし、まさに〝第二の征服〟と呼ばれるにふさわしいものだった。

では、そもそもなぜこのような事態が引き起こされることになったのだろうか。次節では、リゴベルタ・メンチュウが生まれ育った国グアテマラの歴史を概観してみよう。

3　五〇〇〇年にわたる先住民の苦闘

一四九二年のコロンブスによる新大陸到達より以前、アメリカ大陸には多くの先住民が暮らしていた。現在のメキシコを中心とする地域に栄えたアステカ王国や、ペルーやボリビア、エクアドルを含む広大な地域を支配したインカ帝国をはじめ、高度な文明を築いた先住民族も少なくなかった。メキシコ南部からグアテマラ、ベリーズ、ホンジュラスの一部を含む地域には、独特の文字体系や暦、壮麗な石造神殿などで知られるマヤ文明が栄えた。いまもグアテマラにはマヤの血をひく先住民が数多く暮らし、総人口の過半を占めている。

アステカ王国を滅ぼしたスペイン人征服者エルナン・コルテスの部下、ペドロ・デ・アルバラードによってグアテマラ地方一帯が征服されたのは、いまからおよそ五〇〇年近く前の一五二四年のことである。スペインの植民地となったグアテマラのマヤ系先住民たちは、伝統的な文化を破壊されたのみならず、キリスト教への改宗を迫られ、支配階級であるスペイン人への服従を強制された。差別や貧困に苦しむ先住民の生活は、スペインからの独立が達成された一八二一年以降も変わることがなかった。白人やラディーノを支配層とする社会システムはそのまま維持され、先住民は以前と同じように社会の底辺に追いやられたまま、差別や貧困、抑圧に苦しむ生活を余儀なくされたのである。グアテマラでは毎年九月十五日に独立を祝う式典が催されるが、メンチュウはこれについて、「独立記念日はラディーノたちのお祭りで、あの人たちが言うところの〝独立〟は、わたしたちにはなんの意味もありません(6)」と語っている。

独立以降十九世紀を通じて、コーヒーや綿花、サトウキビなど、おもに外国向けの作物を栽培する大農場では、多くの先住民が苛烈をきわめた重労働に投入された。先住民が暮らす共同体の土地が不当に収奪され、大農園や大企業の所有地に組み込まれることも珍しくなかった。先住民は概して、古い生活習慣に固執するばかりで進歩を拒み、国家の近代化を妨げる最大の障壁とみなされた。このことが彼らに対する根深い差別を生み出したのである。

二十世紀に入ると、アメリカ企業のユナイテッド・フルーツ社（のちのチキータ社）がグアテマラに進出、バナナをはじめとする熱帯作物の栽培が本格化する。グアテマラ国内の耕作地の約半分を所有するにいたったユナイテッド・フルーツ社は、バナナを輸送するための鉄道や港湾施設などさまざまな権益を手中に収め、グアテマラ経済の中枢を占める一大勢力となった。これ以降、〝北の巨人〟と呼ばれたアメリカの存在は、グアテマラの歴史を左右するほどの影響力を行使するようになっていく。たとえば一九五二年、公平な土地の分配を柱とする農地改革がグアテマラで施行されると、広大な所有地を収用されることを恐れたユナイテッド・フルーツ社は、アメリカ中央情報局（CIA）と手を結び、国内の反政府勢力を支援してクーデターを起こすことに成功、当時のグアテマラ大統領を失脚に追いこんでいる。アメリカ国務長官とCIA長官を務めていたダレス兄弟がともにユナイテッド・フルーツ社の大株主であったという事実は、経済的権益を守るためのアメリカの露骨な政治介入の実態を物語っている。

以後、グアテマラでは、国内の外国資本や大企業、地主などの特権層と結びついた軍事独裁政権が長くつづいた。それに対抗する勢力として、農民や労働者を主体とする民衆運動のほかに、先住民の地位向上をめざす反政府ゲリラが組織され、両者の争いはやがてグアテマラ内戦に発展する。すでに述べたように、内戦を通じて軍部は徹底的な弾圧作戦を展開し、多数の先住民が犠牲となった。先住民というだけでゲリラとみなされ、拉致や拷問、虐殺の対象となることも少なくなかった。実質的な強制収容所として知られる「モデル村」には大勢の先住民が集められ、思想教育が施された。反乱鎮圧という名目のもと政府軍によって自警団が組織されると、多くの先住民男性が強制的に動員され、同じ先住民族の抹殺を強要された。

武力による弾圧を展開した軍部の背後に、中米の共産主義化を恐れるアメリカ合衆国の後ろ盾があったことはいうまでもない。内戦終結後の一九九九年にグアテマラを訪れた当時のアメリカ大統領ビル・クリントンは、米国政府によるグアテマラ政府軍への支援が誤りであったことを認め、グアテマラ国民に謝罪した。

リゴベルタ・メンチュウとその家族もまた、グアテマラ内戦に翻弄された人々である。『私の名はリゴベルタ・メンチュウ』には、筆舌に尽くしがたい壮絶な体験がつづられている。警備兵に体を切り刻まれた先住民女性の死骸、軍部による執拗な拷問、名もなき犠牲者たちが眠る秘密墓地、そして、軍に拉致され、見せしめのために広場で焼き殺されたリゴベルタの弟ペトロシニオ・メンチュウの悲惨な最期。先住民女性の結束と組織化のために働いていたリゴベルタの母も、軍部に拉致され、拷問の末に殺害される。リゴベルタの父ビセンテ・メンチュウは、一九八〇年のスペイン大使館占拠事件で命を落としている。ビセンテ・メンチュウを中心とする農民統一委員会（CUC）のメンバーは、軍による人権侵害の実態を国内外の世論に訴えようと、スペイン大使館の平和的占拠を試みた。ところが大使館もろとも焼き討ちにされ、多数の先住民が犠牲となった。二十歳そこそこにして家族を次々と惨殺されるという悲劇に見舞われたリゴベルタ・メンチュウは、一九八一年に隣国メキシコへ亡命、反軍政と先住民の権利回復のための闘いに身を投じることになる。

4 『私の名はリゴベルタ・メンチュウ』をめぐる論争

さて、国際社会人としてのリゴベルタ・メンチュウの足跡についてあらためて考える前に、これまでたびたび引用してきた『私の名はリゴベルタ・メンチュウ』に関していくつか補足しておかなければならない点がある。それは、メンチュウの証言の信憑性をめぐる議論である。二〇〇三年に出版されたデイヴィッド・ダムロッシュの『世界文学とは何か』（邦訳は二〇一一年）のなかの一章――「活字になったリゴベルタ・メンチュウ」――がこの問題をとりあげているので、以下、同章を参照しながら重要なポイントをまとめておきたい。

『私の名はリゴベルタ・メンチュウ』が出版されてから数年後、米国のある人類学者がグアテマラを訪れ、メンチュウが本のなかで語っている出来事の裏づけ作業を行なったところ、メンチュウの証言と、当時の様子を知る人々の証言の間にいくつかの食い違いが見つかった。地元の人々の話によると、メンチュウの弟ペトロシニオは、たしかに数名の友人とともに拉致され殺害されたが、メンチュウが語っているように、公衆の面前で焼き殺されたという事実はない。学校に通ったことがなく、スペイン語を話すことができなかったというメンチュウは、じつは修道女たちによる教育を受けており、早くからスペイン語を学んでいた。また、メンチュウ一家が住むチメル村に暴力をもたらしたのは、軍部ではなく農民を主体とするゲリラだった。メンチュウの父ビセンテが農民統一委員会（CUC）のメンバーとして土地闘争に関わっていたという証言についても、それを裏づける確たる証拠は得られなかった……。

著者のデイヴィッド・ダムロッシュは、以上の食い違いを指摘したあと、メンチュウの証言をどのように評価するべきかについて、対立する二つの見解を紹介している。メンチュウに批判的な人々にとって、『私の名はリゴベルタ・メンチュウ』は、事実をないがしろにした「でたらめな本」ということになる。一方、メンチュウを擁護する人々は、これとはまったく異なる見方を主張する。つまり、個人と集団（＝共同体）の間に明確な区別を設けないマヤ人独特の心性を受け継いでいるメンチュウは、過去の出来事をあくまでも集合的な視点から語っているのであって、けっして個人的な体験を問題にしているわけではない。伝統的なマヤの人々にとって大切なのは、自らが属する共同体の運命であり、個人の生や体験ではない。事実メンチュウは、『私の名はリゴベルタ・メンチュウ』の冒頭で、「大事なのは、私に起こったことはほかのたくさんの人たちにも起こったということです。私の物語はすべての貧しいグアテマラ人たちの物語なのです[7]」と述べ、大勢の仲間たちの代弁者としての立場を明らかにしている。

デイヴィッド・ダムロッシュはさらに、「数々の個人的な体験を一つの集合的な歴史へと広げていくとき、メンチュウはその行為をはっきりと自覚していた[8]」と述べ、人々の関心をひきつけるという戦略的な意図がメンチュウの側にあったはずだと指摘している。つまり、国際社会の無関心によってグアテマラ国内の虐殺が放置されている現状を何としてでも打破するために、「一人の人物の胸を引き裂くような物語の中に多種多様な個人個人の体験をまとめあげるという手法[9]」がとられ、その過程のなかで事実との食い違いが生じたというのである。メンチュウにしてみれば、このような方法で証言を行なうことによってしか先住民の苦しみを世界に訴える方法がなかったということだろう。『私の名はリゴベルタ・メンチュウ』が出版されたのは、彼女がメキシコへ逃れてからわずか二年後のことであり、内戦さなかのグアテマラでは、軍部によるマスコミへの締めつけも厳しかった。多数の先住民の命が日々奪われているにもかかわらず、それを正確に伝えるべきメディアが正常に機能していなかったのである。

この問題については、のちに新聞等を通じてなされたメンチュウ自身による反論や、裏づけ作業を行なった人類学者の調査方法をめぐる論争、あるいは、人類学者の聞き取りに応じた地元農民の多くが自由にものを言えるような状況にはなかった内戦終結前のグアテマラ国内の事情など、さまざまな点を考慮に入れる必要があるが、ダムロッシュの指摘が重要な意味をもっていることはまちがいないだろう。かりにメンチュウの証言に事実と食い違う点があったとしても、ただ単に「でたらめ」のレッテルを貼ってそれを切り捨ててしまうのではなく、そのような食い違いを促した必然的な理由とはいったい何だったのか、それを考えることの大切さを私たちに教えてくれるからである。事実と証言の〝ずれ〟に着目することによって、メンチュウがおかれていた当時の状況がそれだけ鮮明に浮かび上がることもあるだろう。先住民に対する弾圧を阻止するための十分な努力を払わなかった国際社会の責任という新たな問題がそこから導き出されてくるかもしれないのである。

5　内戦の悲劇を乗り越えて

さて、内戦を逃れてメキシコへ亡命したメンチュウは、グアテマラ国内の人権侵害の実態を告発する運動をつづける一方、ラテンアメリカ諸国にはびこるさまざまな政治的暴力にも目を向けるようになる。彼女の関心はさらに、北米やオーストラリア、アジアの少数民族の問題にも向けられ、一九九二年のノーベル平和賞の受賞を経て、その国際的な人権活動家としての活躍ぶりはますます世界の注目を浴びることになった。ひとりの先住民女性の正義と平和、平等を希求する声は、いまや人種や国境の壁を乗り越え、差別や偏見に苦しむすべての人たちの声となって響き渡ったのである。スペイン語で行なわれたメンチュウの受賞記念講演は、支配者側の言語をわがものとし、それを反権力闘争の武器に転じた彼女のしたたかさを物語るものともいえよう。

メンチュウの祖国グアテマラでは、一九九六年に国連の仲介を受けて政府と反政府ゲリラの間で和平協定が成立し、三十年以上にわたる内戦にようやく終止符が打たれた。メンチュウがメキシコへ亡命してからじつに十六年後のことである。彼女のノーベル平和賞受賞が和平協定の成立を促すうえで一定の役割を果たしたことはまちがいない。しかし、先住民への差別の撤廃をうたう条文が和平協定に盛りこまれたにもかかわらず、軍部による人権侵害がその後も繰り返されるなど、真の民主化への道のりは険しいものだった。内戦中の軍部による犯罪を追及する動きも、和平協定の調印と同時に成立した恩赦法の壁に阻まれ、遅々として進まなかった。グアテマラ内戦下の人権侵害の多くが裁かれることなく免責されるという事態に業を煮やしたメンチュウは、犯罪人の処罰を求めてスペインの法廷に訴えている。

一九九九年には国連の真相究明委員会による報告書が公表され、内戦中の暴力の九三％が軍関係者によるものであることが明記された。報告書には責任者の処罰と犠牲者への補償を勧告する文言が加えら

「リゴベルタ・メンチュウ基金」の会合に臨むメンチュウ（2007年12月）

れたが、グアテマラ政府は、大量虐殺はなかったとの見解を示し、責任者の処罰を行なわないことを言明した。

人権侵害の撤廃をめざすメンチュウの闘いは、「リゴベルタ・メンチュウ基金」を拠点に現在もつづけられている。教育や社会インフラの整備など、おもにアメリカ大陸の先住民を対象にさまざまな支援事業を展開するこの非営利財団は、ノーベル平和賞の賞金によって設立されたものである。これとは別に、一九九六年にユネスコの親善大使に任命されたメンチュウは、差別と貧困に苦しむ先住民族の権利を回復するための活動に従事している。また、二〇〇三年のグアテマラ大統領選挙によって成立したオスカル・ベルシェ政権では、和平合意の履行監査役として閣僚入りを果たした。二〇〇七年には先住民の権利擁護を掲げる政党を自ら立ち上げ、同年の大統領選挙に打って出たものの、思うように得票率が伸びず、念願の勝利を手にすることはできなかった。二〇一一年にふたたび大統領選に出馬したが、このときも広範な支持を得るにはいたらず、グアテマラ初の先住民大統領の誕生はならなかった。

ほかにも、乱開発からマングローブ林を守るためのキャンペーンを繰り広げるなど、自然環境の保全にもとづく持続可能な社会の構築にむけた活動にいそしんでいる。彼女はすでに一九九二年の平和賞記念講演のなかで、自然との共生に支えられた先住民のライフスタイルに言及し、その知恵を現代社会に生かす試みについて語っていた。地球環境の危機が叫ばれて久しい今日、リゴベルタ・メンチュウの問題提起は、新たな成長モデルを模索する私たちに多くの示唆を与えてくれるものである。

6　国際的な人権活動家として

人権活動家としてのリゴベルタ・メンチュウの足跡をあらためてふりかえってみると、そこには二つの大きな軸となる要素があることがわかる。ひとつは、先に見たような国際的な視野である。先住民や少数民族の権利回復を唱えるメンチュウの問題意識が、人種や国籍の違いを超えた普遍性を有することは、たとえばノルウェーのノーベル賞委員会が発表した次のようなコメントからもうかがえる。「今日、リゴベルタ・メンチュウは、彼女自身の国、アメリカ大陸、そして世界において、民族の違い、文化の違い、社会背景の違いを超えた平和と和解のシンボルとして傑出した存在である」(10)。メンチュウ自身も、来日の際に札幌で開かれた集会で、「先住民族だけの運動では、壁をよけい厚くしてしまいます。私たちの求めているものは、人類共通のものなのです」[11]と述べ、先住民と非先住民の垣根を越えたグローバルな運動の必要性を訴えている。

もうひとつは、過去を見据える歴史的な視点である。平和賞の受賞記念講演のなかで、「この五〇〇年もの歳月にわたって分断され、ばらばらにされ、大虐殺や抑圧、差別に苦しめられてきた先住民族」の歴史に言及したメンチュウは、ほかにもさまざまな機会を通じて、差別や抑圧が生み出された歴史的経緯を問題にしている。とりわけグアテマラをはじめとするラテンアメリカの先住民の苦難について語るとき、一四九二年のコロンブスによる新大陸〝発見〟とそれにつづくヨーロッパの植民地支配が残した負の遺産を厳しく断罪することを忘れない。たとえば『私の名はリゴベルタ・メンチュウ』のなかに、メンチュウが属するキチェ族の英雄、テクン・ウマンにまつわる伝説が紹介されるくだりがある。テクン・ウマンとは、グアテマラの征服者ペドロ・デ・アルバラードに抗して勇敢に戦ったと伝えられる民族的英雄である。メンチュウは、「テクン・ウマンをスペイン人と戦って死んでいった英雄であると過去の形で語るのは、わたしたちの現実を無視したものです。闘いは今も続き、苦しみも依然として消えてはいないのですから」[12]と語り、五〇〇年という歳月を経てなおもつづく先住民の苦難の歴史に注意を促している。テクン・ウマンの伝説を現在進行形の物語としてとらえなおすメンチュウの視点が、先住民への差別や抑圧をもたらした歴史の流れを根底から問い直すものであることはいうまでもないだろう。

国際的な視野と歴史的な視点をあわせもつリゴベルタ・メンチュウの問題意識は、〝ここ〟と〝いま〟

を超えて広がっていく彼女の人権活動家としての歩みを支えているものである。アイヌの人々や在日韓国・朝鮮人に対する差別と偏見を経験してきた私たち日本人にとっても、リゴベルタ・メンチュウの闘いはけっして人ごとではないはずだ。人種間の軋轢《あつれき》や少数民族に対する迫害が世界のあちこちで後を絶たないなか、彼女のメッセージは依然として色あせていない。それを自分たちの問題としてとらえかえす努力がいま私たちに求められている。国際社会人としてのリゴベルタ・メンチュウの足跡をふりかえる意味も、まさにその点にあるといえるだろう。

▒注

（1）ノーベル賞公式ウェブサイトに掲載されているリゴベルタ・メンチュウのスペイン語による受賞記念講演（http://www.nobelprize.org/nobel_prizes/peace/laureates/1992/tum-lecture-sp. html）の一部を引用、拙訳（二〇一二年十一月二十八日現在）。

（2）日本は二〇一〇年以降、「第三国定住制度」を通じて、タイの難民キャンプで暮らすミャンマーの少数民族カレン族の受け入れを行なっており、これまで計四十五人が来日している（二〇一二年十一月二十八日現在）。

（3）エリザベス・ブルゴス（一九四一年— ）はベネズエラ生まれの人類学者。インタビューは一九八二年、パリ在住のブルゴス宅で行なわれた。

（4）エリザベス・ブルゴス『私の名はリゴベルタ・メンチュウ——マヤ＝キチェ族インディオ女性の記録』高橋早代訳、新潮社、一九八七年、二〇八頁。

（5）同前、四〇頁。

（6）同前、二六〇頁。

（7）デイヴィッド・ダムロッシュ『世界文学とは何か?』秋草俊一郎ほか訳、国書刊行会、二〇一一年、三六八頁。

（8）同前、三六七頁。

（9）同前、三六九頁。
（10）岩倉洋子ほか『先住民族女性リゴベルタ・メンチュウの挑戦』岩波書店、一九九四年、五九頁（一部改訳）。
（11）同前。
（12）前掲『私の名はリゴベルタ・メンチュウ』、二五九頁。

■推薦図書

エリザベス・ブルゴス『私の名はリゴベルタ・メンチュウ――マヤ＝キチェ族インディオ女性の記録』高橋早代訳、新潮社、一九八七年

リゴベルタ・メンチュウが自らの生い立ちや幼少時代の思い出、内戦中の出来事について語ったインタビューを人類学者のエリザベス・ブルゴスが自伝的な読み物に編纂した本。マヤ系先住民の日々の暮らしについても知ることができる。

岩倉洋子ほか『先住民族女性リゴベルタ・メンチュウの挑戦』（岩波ブックレット）岩波書店、一九九四年

グアテマラ先住民を取り巻く状況、先住民の人権回復に向けた国連の取り組み、リゴベルタ・メンチュウのノーベル平和賞受賞、彼女と日本とのかかわりなどがわかりやすく紹介されている。グアテマラ先住民の歴史について知るための入門書。

工藤律子『リゴベルタの村』講談社、一九九四年

リゴベルタ・メンチュウの半生を平易な読み物にまとめた本。挿絵や写真も充実している。

古谷桂信『トウモロコシの心――マヤの人々とともに』高知新聞社、二〇〇二年

中米を旅した報道写真家の著者が、グアテマラ先住民の日常に触れるなかで、彼らを取り巻く困難な状況や、グアテマラ内戦をめぐる過去に迫っていく。

デイヴィッド・ダムロッシュ『世界文学とは何か？』秋草俊一郎ほか訳、国書刊行会、二〇一一年

とくに第八章「活字になったリゴベルタ・メンチュウ」を参照。グアテマラ社会の知られざる側面に光をあてた証言文学として『私の名はリゴベルタ・メンチュウ』を位置づけ、その内容を多角的に検証している。リゴベルタ・メンチュウによる証言の信憑性をめぐる論争の過程や、著者エリザベス・ブルゴスとメンチュウの間にもちあがった著作権をめぐる対立、外国語への翻訳にともなうさまざまな問題など、興味深いテーマが学術的な視点から掘り下げられ

ている。

上野清士『リゴベルタ・メンチュウ――先住民族の誇りと希望』日本社会党中央本部機関紙局、一九九三年

リゴベルタ・メンチュウのノーベル平和賞受賞にいたる経緯や、日本ではあまり知られていないアメリカ大陸先住民による「抵抗の五〇〇周年キャンペーン」の取り組みなどが簡潔に紹介されている。

伊従直子『グアテマラ先住民の女たち――リゴベルタ・メンチュウと民主化への歩み』明石書店、一九九七年

アメリカ大陸の先住民を中心とする「抵抗の五〇〇周年キャンペーン」の活動内容や、先住民であることと女性であることによって二重の差別に苦しめられてきたマヤ系先住民女性の歩みなどが紹介されている。

ジェニファー・K・ハーベリ『エヴェラルドを捜して』竹林卓訳、新潮文庫、一九九八年

グアテマラのゲリラキャンプで知り合ったマヤ系先住民の指揮官エヴェラルドと結婚したハーバード大学出身のアメリカ人女性弁護士による手記。グアテマラ内戦中に夫エヴェラルドが行方不明になると、その所在を求めて奔走、秘密墓地の発掘にも立ち会う。アメリカ中央情報局（CIA）の関与をめぐって米国政府に対する訴訟も起こした。グアテマラ先住民を標的とした軍部による弾圧の模様やアメリカ政府の関与の実態、反政府ゲリラの動向などが克明につづられている。

リゴベルタ・メンチュウ／農民統一委員会（CUC）『大地の叫び――グアテマラ先住民族の闘争』神代修訳、青木書店、一九九四年

リゴベルタ・メンチュウが属していた農民統一委員会（CUC）が軍事独裁政権下のグアテマラで繰り広げた抵抗運動の記録。先住民の権利回復をめざすメンチュウの闘いが大勢の無名の同志たちによって支えられていたことがわかる。

歴史的記憶の回復プロジェクト編『グアテマラ　虐殺の記憶』飯島みどりほか訳、岩波書店、二〇〇〇年

グアテマラのカトリック教会が中心となって内戦の被害者の証言を集めたプロジェクト（「歴史的記憶の回復プロジェクト」）が一九九八年に発表した報告書『グアテマラ・二度と再び』の抄訳。内戦を生き延びた人々の生《なま》の証言が多数収録されている。グアテマラ内戦下のマヤ系先住民に対する組織的な弾圧の詳細を知ることができる。報告書の公表から二日後、「歴史的記憶の回復プロジェクト」代表

を務めるヘラルディ司教の惨殺体がグアテマラ市内で発見された。

ダニエル・エルナンデス・サラサール『グアテマラ　ある天使の記憶——ダニエル・エルナンデス・サラサール写真集』飯島みどり訳、影書房、二〇〇四年
グアテマラを代表する写真家のひとり、ダニエル・エルナンデス・サラサールの作品集。グアテマラ内戦中の秘密墓地から掘り出された一対の肩甲骨を天使の羽に見立てた作品を手がけたダニエル・エルナンデス・サラサールは、それをポスター状に引き伸ばした巨大な写真をグアテマラ市内の公共建造物の壁に張り出した。斬新なインスタレーションの試みとして注目を集めたそれらの写真をさまざまなアングルから記録したものが右の作品集。

藤岡美恵子ほか編『グローバル化に抵抗するラテンアメリカの先住民族』現代企画室、二〇〇五年
二〇〇四年に法政大学で開かれた連続講座「無数の『もう、たくさんだ！』の声が聴こえる——グローバル化に抗するラテンアメリカの先住民族」（主催：現代企画室／反差別国際運動（ＩＭＡＤＲ）グァテマラプロジェクト／法政大学国際文化学部）の内容をまとめた本。グローバリゼーションという現象を、これに対する先住民族の抵抗という観点からとらえなおすという趣旨のもと、ラテンアメリカ全域にわたる抵抗運動の具体例が紹介されている。

上村英明監修『グローバル時代の先住民族』法律文化社、二〇〇四年
グアテマラのマヤ民族や日本のアイヌ民族、ボリビアやインドの先住民族など、豊富な事例を交えながら「世界の先住民の国際十年」を総括した第Ⅰ部と、グローバル化に象徴される世界の趨勢が先住民族の生活にどのような影響を及ぼしているのかを論じた第Ⅱ部から構成された論集。

太田好信編『政治的アイデンティティの人類学——21世紀の権力変容と民主化にむけて』昭和堂、二〇一二年
とくに序章第三節「関心、フィールド、理論——和平合意後のグアテマラとマヤ運動」を参照。内戦終結前後のグアテマラ先住民をめぐる状況や、八〇年代以降顕著になるグローバル規模での先住民運動の高まり、マヤ民族の集団的権利を主張する動きなどがまとめられている。

『マヤ神話　ポポル・ヴフ』Ａ・レシーノス原訳、林屋永吉訳、中公文庫、二〇〇一年
マヤ＝キチェ族の創世神話。日本の『古事記』やヘブライ人の『旧約聖書』と同じように、天地万物の創造に関する

物語や古い伝説、その起源、歴代の王たちの事績などが記されている。訳者による注と解説も充実しており、マヤの歴史・文化・信仰を知るための最古の文献資料といわれる『ポポル・ヴフ』の内容理解を助けてくれる。

■関連情報

＊平取町立二風谷アイヌ文化博物館

「アイヌ伝統文化の今日的継承」を目的に一九七一年に設立された二風谷アイヌ文化資料館を母体として一九九二年に完成した博物館。アイヌ民具などの標本資料やアイヌの文化・歴史に関する図書資料、視聴覚資料が多数所蔵されているほか、世界の諸民族との文化交流の拠点としてさまざまな活動が行なわれている。

URL : http://www.town.biratori.hokkaido.jp/biratori/nibutani/html/mainN.htm を参照。

＊国立民族学博物館

文化人類学・民族学に関する調査・研究および世界の諸民族の社会や文化に関する情報の提供を目的として一九七四年に創設された。展示スペースの一部がアイヌの家屋や伝統工芸品、マヤの民族衣装などの展示にあてられている。

URL : http://www.minpaku.ac.jp/ を参照。

＊メキシコ国立人類学博物館（Museo Nacional de Antropología）

マヤやアステカなどのメソアメリカ古代文明に関する考古学資料や重要な発掘品を多数展示した世界有数の規模を誇る博物館。先住民の現在の生活を再現した民族学フロアの展示スペースも充実している。

URL : http://www.mna.inah.gob.mx/index.php を参照。

第6章

杉原千畝（1900–1986）

六千人のユダヤ人を救った外交官

吉川太惠子

切手は「小さな外交官」と呼ばれる。イスラエルで最も名誉ある「ヤド・バシェム賞」を受賞した杉原千畝は、日本やイスラエルの切手に登場し、国際社会で著名な日本人の一人である。杉原に救われた六千人あまりのユダヤ人の子孫は、世界で数十万人にもなるという。だが、杉原とユダヤ系避難民との出会いは、「人物・場所・時間」の三つの要素が偶然に交わることがなければ起こりえなかった。

それは父親の意に反して医学校に進まず、英語を学ぼうと杉原が自ら進学先を決めたことに始まる。仕送りがなく生活に困窮していた杉原は、官費留学生試験に合格する。しかし、希望したスペイン語ではなく、しぶしぶロシア語を学ぶことになる。だがこの選択がなければ、一九三九年から四〇年の間に外交官としてリトアニアに赴任することはなかった。

なぜ杉原は、自らに降りかかる危険を顧みず、外務省の訓令にそむいてまで「命のビザ」を出したのか。何が杉原を突き動かしたのだろうか。彼の決断の軌跡をクローズ・アップする。

1　杉原千畝の人物像

杉原千畝《すぎはらちうね》は、一九〇〇（明治三十三）年に岐阜県加茂郡八百津町《やおつ》に生まれた。父親は当時、名古屋税務監督局官吏だった。母親の実家の近隣には、八百津町北山のように、農林水産省の「棚田百選」に選ばれた、階段状に大小さまざまな形の水田が集まる千枚田（棚田）の美しい景観が広がる。その頃の習慣では、出産は妻の実家でするのが一般的だった。「千畝」というユニークな名前は、母の実家近くの景観にちなんだものとされる。

杉原の少年時代は父親の転勤で転校が多かったが、「全甲」の通知表が残されていて、成績は抜群に良かったようだ。当時朝鮮の京城に赴任していた父は、杉原が京城医学専門学校に進学することを望んだが、医学に興味がなかった彼は、試験場には行ったが受験せず、弁当だけ食べて帰宅したため父の怒りを買う。英語が他の科目よりも好きで、英語を毎日話す職業に就きたいと思っていた杉原が父の意に逆らって進学したのは、早稲田大学高等師範部英語科だった。

杉原が入学する前年の一九一七年に「早稲田騒動」といわれる大学紛争が起き休講が続いた。親からの仕送りがないため、学費や生活費を自分で稼がなければならなかった杉原には、休講が多いほうがアルバイトができて都合良かった。彼は新聞配達、牛乳配達、沖仲仕《おきなかし》、区役所の散水作業、英語塾の教師などさまざまなアルバイトをしたという。

大学二年の時に杉原は、図書館で外務省の官費留学生募集の広告（官報）を偶然目にする。留学生になると、英独仏の三カ国語を除く外国語を学費官給で三年間学び、その後は外交官になれるというものだった。アルバイトに追われる生活をしていた杉原にとって無料で語学が学べる絶好のチャンスだったが、試験は法学・経済・国際法に加えて外国語二カ国語というように、かなり難しい内容だった。試験に備えて杉原は大学の図書館にこもり、猛勉強の末に見事に合格した。

当初、杉原はスペイン語（西語）を選択したが、一名の定員に受験者の半数以上が応募したため、試験担当官の勧めでロシア語（露語）にやむなく変更した。その時の感想を杉原は、「仕方なく露語に変更したのであって、……さて何故支那語、露語が少数で西語の如きが繁盛したか。矢張り何といっても露語なるものが、従って露語研究の必要なることが遺憾ながら余り知られていないためである」と、大正九年四月号の雑誌『受験と学生』で述べている(1)。

外務省の辞令で満洲のハルビンへの留学を指定された杉原は、早稲田大学を一年余りで中退した。ハルビンはロシアが中国から土地を租借して発展した街である。ロマノフ王朝の帝政ロシアは、一九一七（大正六）年の革命で崩壊し社会主義国へと変わったため、ハルビンには革命に反対するロシア人が多く移住していて、杉原のような日本人留学生がロシア語を学ぶのに便利な環境だった。

2　官費留学生から辣腕外交官へ

杉原の青春時代は、列強による弱肉強食の侵略によって日本も世界も揺れ動いた時期だった。日本は杉原が早稲田大学に入学した、一九一八年八月にシベリア出兵を宣言している。シベリア重視の時勢は、留学生試験合格者十四名のうち三名がロシア語講習に採用されたことにも表れている。(2) ハルビンに到着した杉原は、ロシア人の家庭にホームステイし、さらに個人教師を雇い、英語でロシア語の文法を学んだ。おかげで、わずか四ヵ月ほどでロシア語の日常会話には困らなくなり、新聞も拾い読みできるほどになったという。

その後杉原は、ロシア語とソ連に関する教育を進めるために外務省が一九二〇年に創設した日露協会学校（後のハルビン学院）に入学する。この学校はロシア語を基軸として、ソ連、満洲、蒙古の文化・経済などを教育し、ソ連問題専門家を養成する最高学府だった。杉原は優秀な成績で特修科を修了し、一九二九年からは三年ほど、講師としてロシア語文法や会話、ソ連の政治・経済などの講座を担当した。

ロシア語習得中に杉原は「一年志願兵」として予備少尉としての教育を受け、ソ連国境近くの満洲里で語学留学を続けた後、一九二四年二月に外務省書記生に採用され、ハルビンの日本領事館ロシア係に就任する。杉原が非常に優れた能力を持っていたことは、彼がまだ二十六歳の時にまとめ上げた六〇八頁にのぼる『ソビエト連邦国民経済大観』にみることができる。(3) 外務省はこれをソ連に関する貴重な資料であると認め、翌年に杉原の報告書を刊行した。杉原はハルビン大使館二等通訳官を経て、一九三二年三月に建国された満洲国政府の外交部事務官に転じた。

満洲国政府外交部において杉原は、ソ連との北満鉄道（東清鉄道）譲渡交渉で情報収集と分析に大活躍する。三十三歳だった彼は、第二回正式会議でソ連大使館一等書記官を相手に、満洲国側の「全権団書記長」として本交渉における実務上の最高責任者の役割を果たした。杉原は周到な調査のもとに、ソ連側の当初要求額の六億二五〇〇万円を一億四〇〇〇万円まで値下げさせることに成功した。ソ連側の目論見を遙かに下回る金額を引き出したことは、杉原千畝の存在をソ連に強く印象づけることになった(4)。

北満鉄道譲渡交渉で活躍した杉原は、一九三四年八月に、満洲国外交部総務司理事官になり、外交部政務司ロシア科長、兼計画科長に出世する。しかし、日本の軍国主義を嫌った杉原は、翌年に満洲国外交部を退官する。

北満鉄道譲渡交渉調印から五年半後の一九四〇年八月以降になると、ユダヤ系避難民が「杉原ビザ」を携えてモスクワからシベリア横断鉄道でヨーロッパを脱出するようになる。シベリア鉄道の延長線上に北満鉄道が存在していなければ、ナチスに追われたユダヤ人が日本に渡ることは不可能なことだった。

杉原は、満洲国在任時にロシア正教会の洗礼を受け、「パブロフ・セルゲイヴィッチ（パウロ）」という洗礼名をもっていた。私生活においては、一九二四年に白系ロシア人のクラウディア・セミョーノヴナ・アポロノワと結婚したが、結婚から十一年で離婚している。離婚で蓄え一切をクラウディアに渡した杉原は、無一文になって東京に帰り、弟の助けを借りて東京・池袋に住んだ。知人の紹介で菊池幸子と再婚した杉原は、再び外務省に復帰することになる。

再び外交官となった杉原は、一九三六年に二等通訳官としてモスクワへ赴任を命じられた。しかし、ソ連政府が杉原へのビザ発給を認めず、交渉を重ねたものの入国ビザはもとより通過ビザさえ発給されなかった。そのため、彼の赴任先はソ連の隣のフィンランドのヘルシンキ公使館に変更された。

当時、東京の新橋駅と敦賀の金ヶ崎駅間には「欧亜国際連絡列車」が走り、乗客は敦賀港を経てウラジオストクに上陸し、そこからシベリア鉄道で十日間あまりかけてモスクワにたどり着いていた。ロシアのビザが下りなかった杉原は、シベリア鉄道でロシア国内を通過できなかったため、横浜から「平安丸」で太平洋を渡り、アメリカ大陸を横断してニューヨークからまた船で大西洋を渡り、さらにドイツのベルリンからヘルシンキまでは、オランダ・スイスを経由する国際列車を用いるという大回りな旅路を強いられた。外交官がこのような旅を強いられることは、きわめて国際的にも異例な事態で、アメリカや日本の新聞は「外交史上空前の不可解な事件」と論評した(5)。

3 カウナス日本領事館とユダヤ系避難民

一九三七年から約二年間、ヘルシンキに赴任した杉原に次に与えられた赴任先は、日本人が一人もいないリトアニアだった。リトアニアはドイツ、ポーランドに接する小国で、エストニア、ラトビアと共にバルト海に面している。当時、仮の首都があったカウナスの日本領事館に杉原が着任した直後の一九三九年九月に、ドイツがポーランドを攻撃し、第二次世界大戦が始まった。

スラブ民族が住むポーランドは、西半分がドイツに占領され、さらに九月には東半分がソ連に占領された。最も多くのユダヤ人がポーランドに住み、約三五〇万の人口があったとされる。リトアニアに逃げてきたユダヤ人の多くは、ドイツに占領されたポーランド西部からの者が多い。

これほど多くのユダヤ人がポーランドに住むようになったのは、十四世紀中頃にドイツやフランスで迫害を受けたユダヤ人が逃げてきたからだとされる。歴代のポーランド王は、経済面で活躍するユダヤ人を保護したため、しだいに各国からユダヤ人が集まり、社会のあらゆる分野で指導的地位を占めるようになった。

ナチス・ドイツはポーランドで徹底した人種差別を行ない、ユダヤ人だけでなく、ポーランドの文化的指導者、支配階級、文化人を抹殺した。ポーランド人の労働力はナチス・ドイツに必要であっても、知識人はむしろ邪魔な存在だったからである。こうしてポーランドのユダヤ人は、ドイツと違って国外に追放されるのではなく、ポーランドから出ることを禁じられ、「ユダヤ人狩り」で強制収容所に入れられ、死ぬまで働かされた後にガス室で殺害されたのである。(6)

一九四〇年八月四日、ソ連は正式にリトアニアを併合し、すべての大使館を八月二十五日までに閉鎖するよう命じた。ユダヤ系避難民は増加するいっぽうだったが、受け入れ国はほとんどなくなっていた。例を挙げれば、イギリスはドイツの軍備拡大を警戒し、アラブ勢力との協力に期待して、パレスチナへのユダヤ人移入割り当てを制限し始めた。杉原ビザが発給される前年の一九三九年のパレスチナへの移民数は、年間一万六千人だったが、ポーランド開戦によりイギリスは移民を受け入れる能力や治安維持、ドイツからのスパイ進入を防ぐという理由で、移民数をさらに厳しく制限した。そのため、一九四〇年のパレスチナの移民受け入れ総数は、わずか年間四五〇〇人となり、受け入れは年を追うごとに先細り、一九四二年には二一〇〇人になる。(7)

ソ連に併合されたリトアニアでは、ユダヤ人は無戸籍者として極寒のシベリア強制収容所に送られるか、ソ連国籍者になるかの二者択一を迫られた。どれほどのユダヤ人が実際にシベリアに送られたかは不明であるが、ユダヤ人を含めたポーランドの住人は、百万人以上が拘束されて、シベリアや中央アジアに送られ過酷な環境で労働を強制され、その半数は絶命したとされる。(8)

こうしてヨーロッパは、西も南もふさがれ、ユダヤ人に残された唯一のルートは、シベリア経由で日本に渡り、そこから自由国を目指すという方法だけになった。(9)

4 「命のビザ」

ユダヤ系避難民の第一陣がカウナスの領事館に現れたのは、一九四〇年七月十八日早朝のことだった。領事館は三階建ての建物で、一階部分が公用に使われていた。ユダヤ人が大挙して押しかけたことは杉原にとっても想定外の出来事で、寝室の窓のカーテンの端からヨレヨレの服装をした群衆の様子を窺ったと、その時の驚きを手記に残している。(10)

ビザ発給について杉原は、避難民の中から五名の代表を選ばせて交渉にあたった。彼は五名の代表に対して、ナチス・ドイツに追われていることは理解できるが、通過ビザに必要な条件である受け入れ国の証明がなく、渡航費や滞在費にあてる所持金も不足している状態ではビザを発給することは困難だと伝えた。また、五日ほど前にソ連政府から領事館を八月いっぱいで閉鎖し、国外に退去するよう要求されているため、杉原自身が閉館業務に忙殺されていることを伝えている[11]。

日本領事館の前でビザ発給を訴えるユダヤ系避難民たち

ビザの発給が困難であると避難民の代表に説明する一方で、杉原は外務省本省宛に、①ユダヤ系避難民のビザ申請は人道上、どうしても拒否できない、②パスポート以外でも形式に拘泥せず、彼らが提示する物のうち領事が最適と認めたものであればよい、③通過ビザの性質を失わないため、ソ連横断日数を二十日、日本滞在日数を三十日、計五十日と推測し、この五十日の間にはなんとか第三国行きのビザが間に合うだろうという主旨の電報を二度打ったとされる。だが、本省からは、渡航条件不備のユダヤ系避難民へのビザの発給が拒否されている。

この電報の所在は不明とされる。これは、外交資料館にある電報管理番号には多数の欠落があり、当時の電報がすべて保存されているわけではないからである[12]。しかし、千畝の手記には、拒否の返電第二号において本省が、「大集団の入国には公安上、内務当局を初め旅客安全取り扱い上からも、敦賀、ウラジオストク間連絡船会社も反対しているからといって、トランジット・ビーザといえども発給相成らぬ……と回答してきた」と書かれている。(13) また、「兎《と》に角《かく》、果たして浅慮、無責任、我武者《がむしゃ》らの職業軍人集団の、対ナチ協調に迎合することによって、全世界に隠然たる勢力を有するユダヤ民族から、永遠の恨みをかってまで、旅行書類の不備とか公安上の支障云々を口実に、ビーザを拒否してかまわないとでもいうのか？(14)」という文面には、杉原の苦渋の様子がうかがえる。

外務省の規定では、日本に入国滞在する入国ビザは、本省に事前に問い合わせする必要があったが、通過するだけの通過ビザは領事の判断だけで発給することが可能だった。通過ビザを発給する権限が領事にあるということは、言い換えれば領事に裁量の幅があるということだった。それゆえ、たとえビザ発給の条件を十分に満たしていても、領事館の業務に支障をきたす等と理由をつけて発給を遅らせるなど、事実上発給しないことも可能だった。

杉原にとってユダヤ人の求めに応じず、領事館のドアを封印してホテルに家族共々引き上げようと思えば、それは物理的に可能だった。なぜならば、本省の命令通りに領事館を閉鎖すれば、命令に対し従順であると判断されたからである。一方、命令に従わなければ昇進の停止や職をクビにすらされる危険性があった。しかし杉原は、命の危険が迫るユダヤ人の群衆を前に、ともかくリトアニアから脱出させることが急務だとし、領事に与えられた最大の裁量権を使って大量のビザを出すことを決断したのである。

本来、通過ビザの規則では、在外公館の責任者による審査の結果、通過ビザ発給に関わる国籍、パスポートと行き先国が許可したビザが真正なものであることが必要だった。だが、キュラソーやスリナムに代わる行き先国を、日本に行けば在外公館を通じて探せる可能性もあると考えた杉原は、たとえ行き先が名目にすぎなくても、この方法ならば合法的であると判断したのである。一九四〇年七月二十九日から、杉原は猛然とビザを書き始める。

「杉原ビザ」は特殊なビザで、後に「キュラソー・ビザ」とも呼ばれるようになった。これは、リトアニアのテルズ進学校に留学中だった二人のユダヤ人が、母国のオランダがドイツに占領され帰国できなくなり、オランダ領植民地に避難する方法を模索したものにヒントを得たものだった。リトアニアのオランダ領事館では、オランダ領であるカリブ海のキュラソー島と、南アメリカ北東部のスリナムなら入国ビザなしで渡航できるとしていた。

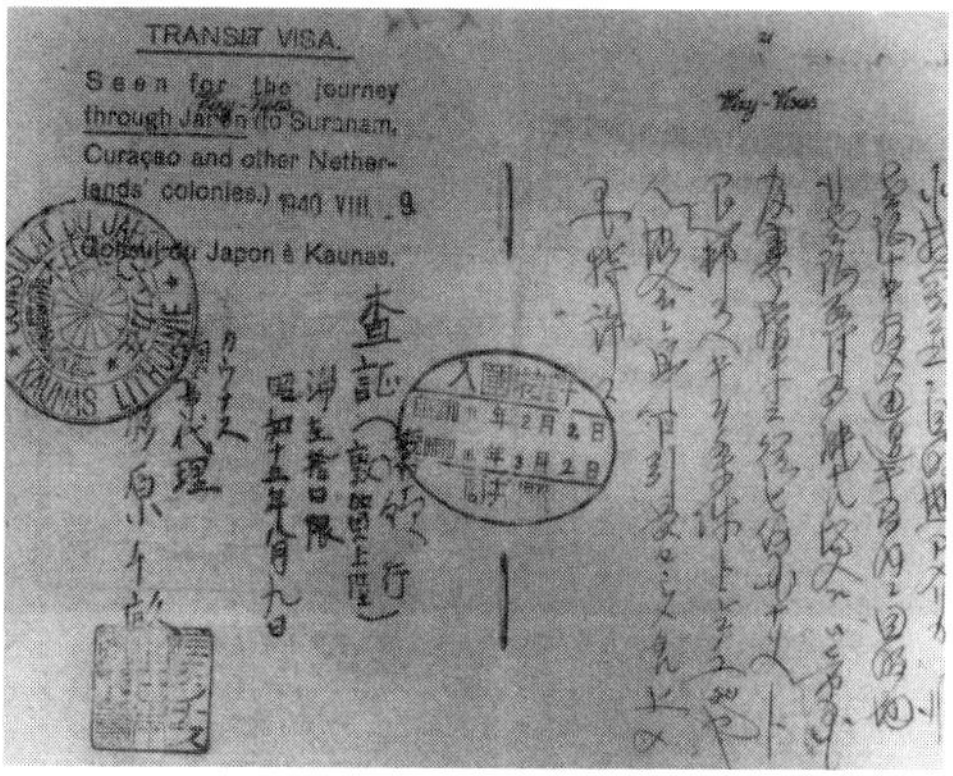

杉原が手書きした「命のビザ」

　キュラソーとスリナムへは、まずシベリア鉄道でソ連を通り抜け、そして日本に渡り、太平洋を横断してパナマ運河を通過してオランダ領に着くという長い旅路が必要だった。日本に着いたユダヤ系避難民の旅費や滞在費を支えたのは、「米国ユダヤ人ジョイント・ディストリビューション・コミッティー」で、日本では、神戸ユダヤ協会などの在日ユダヤ機関を通じて避難民たちが資金を受け取ることができるようになっていた。[15]

杉原は一人で大量のビザを手書きした。酷使した万年筆が折れるとペンにインクをつけては書くという日々が続き、ぐったりと疲れてそのままベッドに倒れ込むような状態になり、ついには手首から肩、さらには関節まで痛みだしてしまったという。[16]

リトアニアは一九四〇年八月三日にソ連に併合され、ラトビア、エストニアもこれに続き、バルト三国はすべてソ連になった。ソ連はカウナスにある外国公館の閉鎖を、当初決めていた八月二十五日から九月五日閉鎖に延期することを認めたため、杉原と家族が領事館を閉め、カウナス市内のホテル・メトロポリスに移ったのは八月末のことだった。

ホテルでも杉原はビザ発給し続けた。九月五日、ベルリンへ旅立とうとする杉原一家を追いかけてユダヤ人たちはカウナス駅にまで押しかけた。杉原は出発の間際までビザを出し続け、最後の一枚は走る列車の窓から渡されたという。幸子夫人は、もうビザを出すことができなくなった杉原が、汽車と併走して泣きながら追ってくるユダヤ人に向かって、何度も頭を下げていたと回想する。[17]

一九四一年二月、杉原は外務大臣からカウナス在勤時におけるビザ発給数についての問い合わせを受ける。これに対して彼は、発給したビザのうち、「ユダヤ系約一五〇〇と推定する」と電報で報告している。[18] 実際はほぼすべてがユダヤ系避難民であったが、意図的にその数を控えめに報告したとされる。電報に引き続き杉原は、「杉原リスト」と呼ばれる三一枚の用紙にタイプで打ったビザ発給表を外務大臣宛に郵送した。

リストの通し番号は二一三九番で終わっている。一日の発給枚数は、七月二十五日までは多くて四枚であったが、七月二十九日以降は急激に増え、七月三十日は二六二枚が発給されている。通し番号は途中で途切れ、その後の記載がない。その理由として杉原は、「いちいち連続番号をつけていたら、到底押しかける避難民を裁ききれないことに気がつき、その手間を省くため番号付けを取り止め、かつ所定手数料の徴収をも停止している」と手記に残している。[19]

リストの初めのほうは、同じ苗字に数名の名前が連なっており、家族それぞれに出したビザの番号が記録されているが、途中から家族ごとにまとめてビザ一枚が出されたのではないかと考えられている。そのため、リストに記載されている名前の数とビザの枚数とが一致せず、家族によっては父親のビザ一枚で家族全員が出国したケースや、親のパスポートに子どもの名前が併記され、二枚のビザで三名が出国したケースも存在する。

杉原は、「六千人の命を救った」とされるが、ビザの発給番号が途切れているため、この「六千人」という数字の根拠ははっきりしない。もしも家族全員が一枚のビザで救われたとしても、全員に子どもがいたわけでもなく、そのため人数の裏付けが難しいのが実情である。それに妻である幸子夫人も、杉原の間近でビザの発給状況を見ていたわけではない。杉原は幸子夫人やその妹節子には一切手伝わせず、一人で執務室に籠もり、部屋への出入りも禁じていたため、誰もビザの発給状態を見ていない。これは、ビザを発給したことで、もしもゲシュタポ（ナチス・ドイツ国家秘密警察）の危険が杉原に迫った場合でも、家族にまでは危害が及ぶことがないよう杉原が配慮したことによる。

難民部隊

續々敦賀に上陸

欧洲の戦禍を逃れて

船員

『福井新聞』昭和16年2月15日付（福井新聞社提供）

福井県の敦賀港にユダヤ系避難民が現れたのは、一九四〇年八月頃からで、汚れきった服装や片方だけ靴をはいている人などの姿が目撃されている。ビザを受け取った人々の大部分は、シベリア鉄道でウラジオストクに到着し、そこから当時、月三度敦賀との往復をしていた欧亜連絡船で敦賀に到着したとされる。[20] 当時、在米ユダヤ人協会からの援助要請を受け、日本へ向かうユダヤ系避難民たちを、ロシアのウラジオストクから敦賀まで「天草丸」という船で輸送したのが、日本交通公社（現在の㈱ジェイティービー）の前進であるジャパン・ツーリスト・ビューローだった。[21]

一九四一年二月以降、日本の新聞がユダヤ系避難民について取りあげているが、もともとのビザ発行数がはっきりしないため、新聞に掲載された避難民の数に違いがみられる。現在では、幸子夫人の著した『六千人の命のビザ』に記された約六千人が妥当な数字とされている。[22]

キュラソー行きを方便にした杉原ビザによるユダヤ人の大量上陸で、敦賀は一時的に混乱に陥ったが、一般市民は総じて彼らを温かく迎え入れたとされる（当時の様子を『福井新聞』が伝えている）。[23] 避難民に無料で銭湯を開放した「朝日湯」の話や、果物や食料を無料で渡した話など、避難民に接した一般

市民の証言が敦賀ムゼウムが発行した『人道の港敦賀』という小冊子で紹介されている。(24)

ユダヤ系避難民たちは、在日ユダヤ人機関などの援助を得て、神戸港や横浜港から最終目的国のアメリカ、カナダ、中南米、上海、オーストラリアなどへ散らばって行った。しかし一九四一年十二月に太平洋戦争が勃発し、日本からアメリカへの渡航が不可能になり、ビザの期限切れで日本に残った人々は、当時ビザが不要だった日本占領区域の上海租界へ移った。こうしたユダヤ系避難民たちは、一九四九年五月に中国共産党が上海を解放したため、再びアメリカ、オーストラリア、建国されたばかりのイスラエルなどに移住することになる。

5 「センポ・スギハラ」の功績

杉原はリトアニア出国後にベルリンを訪れた後、チェコスロバキア（当時ドイツの保護領）のプラハの日本総領事館、ルーマニアのブカレスト公使館などヨーロッパ各地で勤務するが、一九四五年にソ連に身柄を拘束され、ブカレスト郊外で約一年間の収容所生活を送った。解放された杉原と家族は、ユダヤ系避難民が通ったルートと同じくシベリア鉄道でウラジオストクを経由し日本へ帰国した。

「命のビザ」の発給は外務省の訓示に背いたものではあったが、それによって多くのユダヤ人がガス室送りから救われた。だが、帰国した杉原に対して、人員整理を理由として退職通告書が送付され、彼は一九四七年六月二十七日に外務省を依願退職した。当時の日本は敗戦で外交権が停止され、在外公館から外務職員が全員日本に引き揚げて来たため、人員の整理が必要だったという。しかし、四十七歳の働き盛りで諸外国から第一級の外交官と認められていた杉原が、なぜ外務省を去らなければならなかったかについては諸説が存在し謎とされる[25]。

杉原は外務省を退職後、経済的に困難な時期を経験したが、語学力を生かして連合国軍東京PX（現松屋デパート）の日本総支配人、米国貿易商会、三輝貿易、ニコライ学院、NHK国際局を経て、蝶理株式会社に勤め、国際交易においてはモスクワ勤務を十五年間続け、七十五歳になるまで仕事を続けた。

日本通過ビザで救われた「スギハラ・サバイバー」に杉原が最初に出会ったのは、一九六八（昭和四十三）年、イスラエル大使館に赴任してきたニシュリに再会した時だった。ニシュリは五人の避難民代表の一人だった。彼はボロボロになったビザを杉原に見せたという[26]。しかし、杉原はこの時ニシュリにビザ発給の経緯を明かしていない。ビザ発給の事実が初めて明らかになったのは、一九六九年に杉原がモスクワからイスラエルに立ち寄り、当時宗教大臣だったゾラフ・バルファティクに会った時である。バルファティクもニシュリと同じく避難民五人の代表の一人だった。

バルファティクはあの時に、杉原が個人の決断でビザを出したことを知り、イスラエルで最も名誉ある、自らの命の犠牲を顧みずにユダヤ人を助けた外国人に対して与えられる「ヤド・バシェム賞」（諸国民の中の正義の人賞）の特別委員会に杉原を推薦した。一九八五年一月十八日、東京のイスラエル大使館で八十五歳になった杉原に賞が授与された。日本人として受賞したのは杉原が最初だった。退職後に病気がちだった杉原が、老衰により永遠の眠りについたのは、翌年の七月三十一日だった。

「ヤド・バシェム賞」で人道的功績を讃えられた杉原は、日本はもとより世界各地で賞賛を得ている。日本では、ポーランドが杉原の没後十年にあたる一九九六年八月に、東京六本木の国際文化会館で杉原への叙勲式典を挙げ、勲章がポーランド大統領から大使を通じて授与された。杉原の故郷、岐阜県八百津町は彼の偉業をたたえ、人道の丘公園に杉原千畝記念館を建設し、杉原に関する貴重な資料を保存している。また、杉原が父の反対を押し切って入学した早稲田大学は、杉原の没後二十五周年を記念して大学内にレリーフを設置した。

イスラエルが建国50周年記念に発行した記念切手

杉原は、「小さな外交官」とも呼ばれる切手にも登場している。日本では「杉原千畝副領事がビザ発給」と表記された「二十世紀デザイン切手」が発行され、海外では一九九八年年四月に、イスラエルが建国五十周年記念に「外交官・諸外国の正義の人々」と呼ばれる記念切手を発行している。切手には、杉原を含めて五人の外交官とカウナスの領事館に押し寄せたユダヤ系避難民の姿が描かれている。

リトアニアの地においては、一九九九年に発足した「杉原基金」(The Sugihara Foundation—Diplomats for Life)により、旧日本領事館が「杉原ハウス」として保存され、「杉原ハウス」までの桜並木の通りは、「杉原ストリート」と呼ばれるようになった。この旧日本領事館は、二〇〇〇年五月、カウナス大学により「ホロコースト研究所」として

リトル・トーキョーに設置された杉原千畝像

西アフリカ，ガンビア共和国の切手（2002 年）

開館され、杉原に関する資料や日本語研究室が併設された[27]。また、多くのユダヤ人が日本を経由して渡ったアメリカにおいても、ロサンジェルスのリトル・トーキョーに公衆芸術作品の一つとして、ビザを手渡す杉原千畝の像が設置された[28]。

東京では、二〇一一年一月、国際連合の国際ホロコースト記念日（International Holocaust Remembrance Day）に、日本にたどり着いたユダヤ人の今日を追う写真展「記憶の断片・資料と写真が語るもの／Faces behind Documents and Photos」が共同通信社本社で行なわれ、ホロコーストのような非人道的な迫害が二度と起こらないよう、次代に伝えていく重要性が訴えられた(29)。

自分の名前をユダヤ人が覚えやすいようにと、杉原は「センポ・スギハラ」と教えていた。「センポ・スギハラ」の名前は、ユダヤ人社会で語り継がれるだけでなく、切手、本、映画、写真展などを通じて広まり、さらに『六千人の命のビザ』の翻訳本が、フランス、アメリカ、ブラジル、ポルトガルなどで刊行されて、日本が生み出した「国際社会人」の一人として世界的に認められた存在になったのである(30)。

外交官をやめなければならなかった杉原に対し、外務省は戦後を通じて冷たい対応をしてきたと批判を浴びていたが、二〇〇〇年十月十日、日本政府は杉原の「名誉回復」を行ない、公式に遺族に謝罪し、外務省の記録を収める外交資料館に「勇気ある人道的行為を行った外交官」として杉原千畝を顕彰するプレートを設置した(31)。

6　運命的な結びつき

杉原千畝は自分の信念に従って生きた人物である。医者になってほしいという父親の意思に逆らってまで英語教師になりたいと、早稲田大学に入学したため、家からの仕送りがなく経済的に苦しい学生生活を送ることになった。この時、杉原が父親の奨め通りに医学校に進んでいたならば、アルバイトで苦しい生活を送ることもなく、官費留学生試験に挑んで外交官となり、「センポ・スギハラ」として国際社会に知られる人物になることはなかったかもしれない。まさに、杉原という「人物」、リトアニアという「場所」、一九三九年から四〇年という「時間」の三つの要素が運命的に結びつき、ユダヤ系避難民の命を子孫につなぐ架け橋となったのである。

誰かが叫びました。「スギハァラ、私たちはあなたを忘れません。もう一度あなたにお会いしますよ」列車と並んで泣きながら走ってきた人が、私たちの姿が見えなくなるまで何度も叫び続けていました。(32)

杉原と再び会うことができたユダヤ人は、数人しか存在しない。しかし「センポ・スギハラ」の名は、世界に広がるユダヤ人社会を通して人々の記憶に残る存在になっている。杉原千畝が国際的に知られる人物となったのは、自らの意志で進学先を決め、国益がからむ複雑な国際情勢にあっても良心にしたがって最後まで意志を貫き通した人物ならではの所作にあるといえよう。著者は、読者がたとえ困難にあってもあきらめることなく、杉原のように人生を切り開いて進む人物になってほしいと願う。

■注

(1) 杉原千畝「雪のハルビンより」(原題：外務省留学生試験合格談)、渡辺勝正『真相・杉原ビザ』大正出版、二〇〇〇年、四一一頁。

(2) 同前、一四一頁。

(3) 杉原幸子監修・渡辺勝正編『決断・命のビザ』大正出版、一九九六年、六八頁。

(4) 渡辺前掲書、一六一頁。

(5) 杉原・渡辺前掲書、九二―九四頁。渡辺前掲書、二三四頁。

(6) 同前、二七七頁。

(7) 渡辺前掲書、三一八頁。

(8) 同前、二九五頁。

(9) 杉原・渡辺前掲書、一三五頁。

(10) 同前、二九五頁。

(11) 渡辺前掲書、二八九頁―二九〇頁。

(12) 同前、二九七頁。

(13) 杉原・渡辺前掲書、三〇〇頁。

(14) 同前、三〇〇頁―三〇一頁。

(15) 同前、三〇八頁。北出明『命のビザ、遙かなる旅路――杉原千畝を陰で支えた日本人たち』交通新聞社、二〇一二年、一七四頁。

(16) 杉原・渡辺前掲書、三〇三頁。杉原幸子『六千人の命のビザ』（新版）大正出版、一九九三年、三八頁。

(17) 杉原前掲書、四三頁。

(18) 杉原・渡辺前掲書、一八七頁。

(19) 同前、三〇三頁。

(20) 白石仁章『諜報の天才　杉原千畝』新潮社、二〇一一年、一七四頁。渡辺前掲書、三三四頁。

(21) 「創業一〇〇年企業の血脈」、ＪＴＢ「戦時中にユダヤ人を救った友愛の精神」『フライデー』、二〇一二年六月三日。北出前掲書、一六頁。

(22) 同前、一五六頁。

(23) 敦賀ムゼウム、http://www.city.tsuruga.lg.jp/sypher/free/kk-museum/

(24) 北出前掲書、六九―七二頁。

(25) 杉原・渡辺前掲書、二七九―二八〇頁。

(26) 杉原幸子前掲書、一七一頁。

(27) 渡辺前掲書、四四四頁。

(28) "Public Art Works in Little Tokyo, Los Angeles" http://www.publicartinla.com/Downtown/Little_Tokyo/"Sugihara statue dedicated in Los Angeles." The Japan Times Online. (December 15, 2002.) http://www.japantimes.co.jp/text/nn20021215a7.html

(29) 『み声新聞』第六一〇号、二〇一一年二月十三日。

(30) 杉原・渡辺前掲書、二五頁。

(31) 外務省、「杉原千畝氏　顕彰プレート除幕式」における河野大臣挨拶」http://www.mofa.go.jp/mofaj/press/enzetsu/12/ekn_1010.html

(32) 杉原幸子前掲書、四三頁。

■推薦図書

北出明『命のビザ、遥かなる旅路——杉原千畝を陰で支えた日本人たち』交通新聞社、二〇一二年

杉原ビザで助けられたユダヤ人は、彼らを運んだJTB（現）職員と日本郵船の手助けがあってこそ生きながらえたのである。この書はユダヤ人救出において、一般の日本人が急遽日本に押し寄せた避難民の受け入れで奮闘した様子を描くものである。

白石仁章『諜報の天才　杉原千畝』新潮社、二〇一一年

杉原については今も謎が多いとされる。「インテリジェンス・オフィサー」として諜報活動をしていたとされる杉原像を描くこの書では、杉原をめぐって日本政府と陸軍内部とが対立し、外務省が彼の扱いに苦慮していた様子が窺える。

杉原幸子『六千人の命のビザ・新版』大正出版、一九九四年

自分の立場をかえりみず、多くの命を救うために、寝食を惜しんでユダヤ人にビザを発給し続けた杉原を、最も近い家族の一員として見守った妻の手による記録である。

杉原幸子監訳・渡辺勝正編『決断・命のビザ』大正出版、一九九六年

巻末に杉原の手記を収録する。なぜ杉原は外務省の命令に背いてビザを発給したにもかかわらず、その時点で免官されず戦後の帰国を待って免官されたか、疑問を解くべく杉原の外交官半生を歴史的事実と関連させて時代別に解説する。

杉原誠四郎『杉原千畝と日本の外務省』大正出版、一九九九年

ユダヤ系避難民六千人もの命を救ったとされる杉原を、訓令に反したとして外務省は、帰国後に免官し、杉原の外交官生命は絶たれた。外務省が彼をどのように扱ってきたかを解説する。

寿福滋（撮影）『杉原千畝と命のビザ——シベリアを超えて』サンライズ出版、二〇〇七年

著者はリトアニアからシベリア鉄道を使ってウラジオストク、そして日本、上海へ、ユダヤ系避難民が通った経路を辿り、杉原千畝の決断を称え伝える人々と出会う。その旅程を収めた写真集である。

渡辺勝正『真相・杉原ビザ』大正出版、二〇〇〇年

謎が多いとされる杉原の人物像に迫り、外交官・杉原千畝を史実にもとづき描いた書である。

『日本のシンドラー杉原千畝物語・六千人の命のビザ』（DVD）、バップ、二〇〇五年。
読売テレビ系で「終戦60年ドラマスペシャル」として放映されたドラマ作品。反町隆史、飯島直子ほか出演。

Sugihara, Yukiko, *Visas For Life*, Edu-Comm Plus, 1995.
妻の杉原幸子と長男弘樹による『六千人の命のビザ』の翻訳本。

Mochizuki, Ken, *Passage to Freedom: The Sugihara Story*, Lee & Low Books, 2003.
杉原千畝の勇気ある行動を、長男弘樹の証言をもとに描いた児童書で、海外の子供たちにホロコーストの狂気を伝える際に用いられている書である。

Gold, L. Alison, *A Special Fate: Chiune Sugihara: Hero of the Holocaust*, Scholastic, 2000.
日本語の成句や言いまわしを用いながら、杉原の考えを著した書で、主に十代の若者を対象にしている。

■関連情報

＊杉原千畝記念館（人道の丘）
杉原千畝の出身地、八百津町は八百津の町が一望できる丸山ダムのほとりの高台に人道の丘公園を建設した。公園には、〝世界平和〟をテーマにシンボル・モニュメント、杉原千畝記念館が併設されている。
URL：http://www.town.yaotsu.lg.jp/sugiharatiume/index.html

＊敦賀ムゼウム
一九〇二年から四一年にかけてヨーロッパとの交通の拠点であった敦賀港は、杉原ビザを携えた多くのユダヤ系避難民を受け入れた。博物館には、避難民が売却した婦人用腕時計など貴重な写真や資料が展示されている。
URL：http://www.tmo-tsuruga.com/kk-museum/index.html

＊杉原記念博物館（Sugihara House in Kaunas）
杉原の名を顕彰するために、リトアニアとベルギーの知識人や実業家が「杉原（命の外交官）基金」（The Sugihara Foundation—Diplomats for Life）を正式に発足させた。記念碑であり、教育の場として杉原ハウスが活用されてい

る。

URL : http://www.sugiharahouse.lt/index_jp. html

URL : http://aroundtheworldheritage.web.fc2.com/201107/SugiharosNamai.html

＊ United States Holocaust Memorial Museum

アメリカ・ワシントンDCのスミソニアン博物館群の中にある博物館で、ナチス・ドイツによるホロコーストの悲惨な現実が多くの写真や展示物で克明に示されている。

URL : http://www.ushmm.org/research/library/bibliography/photo.php?lang=en&content=chiune_sugihara

第7章 アンリ・デュナン（1828-1910）

情熱的博愛と国際志向

岡村民夫

永世中立国スイスの国際都市ジュネーヴに生まれ育ったアンリ・デュナンは、早くからヨーロッパを駆けめぐり、さまざまな国際的慈善活動を組織した。そのなかでもっとも重要な仕事は、一八六三年の赤十字の創設である。一八五九年、第二次イタリア統一戦争の激戦地に一旅行者として居合わせ、大量の負傷兵が放置されている惨状をまのあたりにし、デュナンは献身的に救護にあたったが、臨時的なボランティア活動の限界を嚙みしめもした。赤十字の構想はこの苦い経験から生まれた。画期的だったのは、デュナンが赤十字を、いずれの戦争当事国に対しても政治的中立を守りながら、敵味方の差別なく救護にあたる国際的民間団体としたことである。植民事業に失敗し、破産してしまったせいで、彼が赤十字の運営に携わったのは短期間だったが、彼なくして赤十字は生まれなかった。その功績により、一九〇一年、アンリ・デュナンは第一回ノーベル平和賞を受賞した。

1　ジュネーヴからアルジェリアの荒野へ

スイスのジュネーヴを訪れる観光客のなかで、郊外の国際赤十字・赤新月博物館や国際連合ヨーロッパ本部に寄ったり、旧市街のサン＝ピエール大聖堂に寄ったりする人は数多い。だが、大聖堂裏手のヴェルデーヌ通り一二番地にまで足をのばし、古い石造りの建物の二階外壁にはめ込まれた銘版を見上げる人はほとんどいないだろう。石の銘版には、豊かな顎ひげを蓄えた老人のレリーフがほどこされ、フランス語で「ジャン＝アンリ・デュナン〔JEAN-HENRI DUNANT〕（一八二八―一九一〇）ここに生まれぬ　ジュネーヴ条約と赤十字の推進者　『ソルフェリーノの思い出』の著者　第一回ノーベル平和賞の受賞者」と刻まれている。デュナンの誕生日である五月八日は、国際赤十字デーである。戸籍の綴りはHenriだが、彼自身はHenryと英語風に綴るのを好んだ。

アンリ・デュナンが生まれ育ったジュネーヴとは、どのような都市だったのか。スイスは、一二九一年にウーリ、シュヴィーツ、ウンターヴァルデンの三州がハプスブルク家の支配から自立するために結んだ同盟に端を発し、徐々に周辺諸地域がこの同盟に加盟することで成長してきた国だが、ジュネーヴがスイスとなったのは一八一五年、デュナンの生まれる十三年前のことだ。

長らくジュネーヴは、小規模な都市国家をなしていた。一五三五年にカトリックのサヴォア公国から「ジュネーヴ共和国」として独立するや、翌三六年、この新生都市国家は、フランスでの弾圧から逃れ亡命生活を送っていた宗教改革者ジャン・カルヴァンを政教両面の指導者に迎え入れた。以降「プロテスタントのローマ」として亡命プロテスタント（ユグノー）が集まり、印刷業・時計産業・銀行業などが興隆していった。フランス、ドイツ諸国、イタリア諸国を中継する地理上の要衝であったことも、ジュネーヴの繁栄と国際都市化を支えた。

ところが、一七九八年、ジュネーヴはナポレオンによって占領され、フランス共和国に併合されてしまった。ナポレオン失脚後、ジュネーヴ政府は都市国家としての存続を断念し、永世中立と地方分権を国是とするスイスの二十五番目の州となる道を選択したのである。

アンリ・デュナン生家の銘版

ちなみにスイスの主要言語は、ドイツ語、フランス語、イタリア語の三言語であり、ジュネーヴ州はフランス語圏に属する。

デュナンがこうした歴史をもつ都市に生まれ育ったことは、彼の国際的な人道的活動に深く関わっていると考えられる。

デュナン家は、ジュネーヴの政治を担う裕福な上流階級に属し、例に違わず勤労とカルヴァン派の敬虔な信仰を家風としていた。父ジャン＝ジャックは商用で外国にいることが多い事業家だったが、デュナンの少年期、ジュネーヴ州の代議員を務めもした。デュナンが事業家となり、外国旅行を好み、国際的活躍をしたことには、父の影響があるのだろう。

学者や牧師を輩出した名門コランド家出身の母アンヌ＝アントワネットは、ジュネーヴの上流階級のなかでも殊に熱心なクリスチャンで慈善家だった。彼女は幼い長男を連れ、施しと聖書の話をしに定期的に貧民街を慰問した。デュナンは晩年の「回想」で、倫理観の上で母の感化を強く受けたことを認めている[1]。つまり父から国際的活動の志向を、母から博愛の情熱を受け継いだといえる。

一八三八年、十歳のとき、五年制の名門校コレージュ・ド・ジュネーヴ（現コレージュ・カルヴァン）へ入学するが、「宗教」以外の科目の成績が悪くて進級できず、三年で退学した。学業不振の理由ははっきりしないが、当時、学歴はまだ立身出世のための必須条件ではなかった。

一八四九年、二十一歳のデュナンは、ジュネーヴの名家の子弟にふさわしく、銀行に就職した。彼のうちに芽生えていたキリスト教的博愛精神と国際志向が、最初に公的活動として具体化したのは、この銀行員時代だ。ＹＭＣＡ（Yang Men's Christian Association）の国際同盟の設立と、アルジェリアにおける製粉会社の設立のための奔走である。

ＹＭＣＡの方から見てみよう。ＹＭＣＡは、一八四四年ロンドンで、キリスト教精神に則り青年労働者の精神的向上をはかるという目的のために結成された団体である。その刺激を受け、ヨーロッパ各地に次々と地域的なＹＭＣＡないし類似団体が生まれていき、やがてそれらを国際組織化する運動が起こった。一八五二年にジュネーヴＹＭＣＡを設立したデュナンは、ＹＭＣＡの世界同盟を結成するために世界大会の開催を提唱し、フランス、イギリス、ベルギー、オランダなどの関連諸団体に手紙を書いたり、説明をしに行ったりし、支援と参加を訴えた。かくして一八五五年八月、パリで世界大会が開催され、世界YMCA同盟が設立された。デュナンのこうした活動は、赤十字創立のためのヨーロッパ奔走の先駆けともいえよう。

製粉会社の構想の方は、アルジェリア出張がきっかけとなった。一八五二年にフランス皇帝となったナポレオン三世（ルイ＝ナポレオン）は、北アフリカの植民地経営を国策として推進し、そのためにスイスの銀行に協力を仰いだ（青年期にスイスに亡命していた皇帝は、スイスに強い人脈をもっていた）。その関係で、ジュネーヴ・セティフ植民会社という会社が設立された。デュナンは、就職した銀行がこの会社と表裏一体の関係にあったため、一八五三年とその翌年の二度アルジェリアに派遣され、現地を視察する。この海外旅行が、生涯を著しく左右した野心を生む結果となった。一八五五年の滞在中、フランスが平定したばかりのアルジェリア北東岸のモン＝ジェミラに、七万七千平方メートルの土地を購入すると、銀行を依願退職し、ハインリッヒ・ニックというドイツ人と共同して製粉会社を立ち上げる準備に取りかかり、最新式の製粉用水車を購入し、一八五八年、モン＝ジェミラ水車会社を設立したのである。一八八五―八七年執筆と推定されている遺稿「血塗られた未来」では植民地一般を断罪しているが、[2]この頃はさほど問題意識を抱いてはいなかったと思われる。父に負けない国際的事業家になろうという野心からの冒険だったのではないだろうか。

ところが、製粉施設とそれに付随する農場の経営はのっけから暗礁に乗り上げた。借財して最新式の水車や製粉機を購入したものの、水利権や新たな土地購入の許可をフランス植民地省からなかなか得られなかったのである。一八五九年、追いつめられたデュナンは膠着状態を打開するため、四月、フランス国籍を獲得して二重国籍者となり、五月、ナポレオン三世を讃える自著『ナポレオン三世によって再興されたシャルルマーニュ帝国、あるいは復興された神聖ローマ帝国』をジュネーヴで自費出版した。[3] 第二次イタリア統一戦争の舞台である北イタリアへ彼が旅立ったのは、その直後の六月である。三十一歳になったばかりだった。

デュナンは『ソルフェリーノの思い出』（一八六二年）のなかで、危険な戦線へ赴いた理由や経緯を明示していない。一八七二年にロンドンで行なった講演では、「私はイタリア統一戦争の前から負傷兵のために博愛的な制度を設けたいといろいろ研究していた。ナイティンゲールのクリミアでの活躍が脳裏にあったので一八五九年に敵対行為が開かれるとともに私は直ちにイタリアへ赴いた[4]」と語ったが、後からの理由づけめく。医学の心得も公的な看護経験もなく、医薬品を持ち込むとか、医師や看護婦と連絡をとるということもせず、単身戦地へ出かけているからである。戦線に赴いていたナポレオン三世に自著を献呈し、頓挫している植民事業の助成を直訴することが主目的だったというのが、いちばん有力な説である。デュナン自身、『ソルフェリーノの思い出』では、「ひとりの旅人で、この大戦争とは全く関係のない私は、偶然種々の特別な事情が重なって、心を動かすようないくつかの情景をこの目で見るえがたい機会にめぐまれ、いまそれを筆にしようと決心したのである[5]」と書いていた。

2　ソルフェリーノの戦いでの救護活動

イタリア半島は中世以来、小国が割拠していたが、十九世紀になると民族主義的な統一運動が展開し、この運動の中心的担い手だったサルデーニャ王国は、北イタリアの広い地域を領有していたオーストリア帝国と敵対を深めた。サルデーニャは、大国フランスを、サヴォア地方とニースの割譲の密約を通して味方につけ、一八五九年四月、開戦に至った。この第二次イタリア統一戦争の最大の激戦地となったのが、ロンバルディア地方のソルフェリーノの田園である。六月二十四日未明から夕暮れまで、約一七万人のフランス・サルデーニャ連合軍と約一五万のオーストリア軍が戦闘し、連合軍が辛勝した。各々の戦死者は一万八千人以上。第二次イタリア統一戦争の勝敗を決する戦いとなったばかりか、十九世紀のヨーロッパにおける最大級の激戦となった。

カルロ・ボッソーリ画『ソルフェリーノの戦い』
（1859年，リトグラフ）

デュナンがソルフェリーノ近傍のカスティリオーネに到着したのは、六月二十四日夕か二十五日だったと推量されている。そこで彼が見たのはナポレオン三世ではなく、砲弾や銃剣による負傷に苦悶する、瀕死の兵士の群だった。想定をはるかに超えた光景だったはずである。そもそもソルフェリーノの戦いは突発的に生じているので、デュナンは到着するなり戦禍をまのあたりにするとは思っていなかったに違いない。

大量の重傷者に対して、医師や看護人、医薬品、水、食糧などが絶対的に不足していた。デュナンはナポレオン三世に謁見する交渉に時間を浪費することなく、すぐに負傷兵の救護を手伝い、カスティリオーネ、カヴリアーナ、プレシャ等のソルフェリーノ周辺の町で約三週間、献身的にボランティア活動をした。持ち前の博愛の情熱と国際的志向が奮い起こされたと思われる。

どこの家も病室になり、どこの家庭も収容した将校の手当になかなか忙しかったが、それでも私は、日曜の朝には、幾人かの一般の婦人を集めることに成功した。負傷者救護の努力をできるだけ手つだってもらうためである。まったくのところ、切断などは当面の仕事ではなくて、飢えとかわきに死にかかっている人たちに、食べ物と、まっさきに水を与えなければならないのである。その次には、傷に包帯をし、泥と虫のついた血だらけのからだを洗ってやる必要がある。これらのことを、吐きけをおこすようなくさいにおいにかこまれて、泣き声や苦痛の叫びを聞きながら、焼けつくようなよごれた空気の中でしなければならない。まもなく、篤志家の一団ができ上り、ロンバルディアの婦人たちは、かならずしも一番気のどくというわけではないが、とにかく一番はげしく悲鳴をあげている人の所へ駈けつける。私は最も救助の欠けているように思われた地区の救助作業をできるだけ組織的にすることをいそぎ、カスティリオーネの教会の中の一つをとくに選んだ。[…]そこには五百人ちかい兵士が詰めこまれ、さらに少なくも百人ばかりが教会の前の、日光を防ぐために張られた幕の下のわらの上にもいた。中に入った婦人たちはのどのかわきをやわらげたり、傷をしめらすための水をいれたつぼや水筒を持って、ひとりからまたほかの人へと走りまわる。このにわか作りの看護婦の中には、美しいしとやかな娘たちもいる。そのやさしさ、親切さ、涙とあわれみの情にあふれた目、注意ぶかい介抱は病人たちの勇気と士気をいく分か高める。(6)

デュナンは住民有志を組織し、自らもまた重傷者に水を飲ませたり、包帯、海綿、シャツ、タバコ、レモン等を購入・分配したりした。こうした献身が、医療技術と準備や経験を欠いた民間人によるボランティア活動ゆえの限界を抱えていた、という側面も押さえておきたい。しばしばデュナンの介護は負傷兵たちの慰めにしかならず、彼らは安心を得ると目の前で息を引き取っていった。

表情のゆたかなクローディウス・マジュエという名の二十歳ばかりになるある青年伍長は、左の横腹に一弾を受けており、絶望という容態であったが、自分でもこれを知っているので、私が助けて水を飲ませてやると、礼を言い、目に涙を浮かべて《母を慰めてやってくれと、あなたから父に手紙を書いてください》とつけ加える。私はその両親の住所を書きとめると、ほどなく伍長は息が絶えた。年功賞の山形を幾本も左手につけた老人の軍曹は深い悲しみをこめ、確信ありげに、またつめたいにがにがしさをまじえて私に向かい、《もっと早く手当をしてくれれば生きられたのだ。だが、だれも手当をしてくれず、今夜までには、死んでしまうのだろう》というのであった。その夜、かれは死んだ。(7)

私たちはデュナンの救護活動自体を過大評価すべきではない。そもそもデュナンが負傷兵の看護に直接あたったのは、このときだけなのだ。重要なのは、こうした臨時的なボランティアによる救護活動の限界に対する痛切な自覚が、恒常的な国際的負傷兵救護団体の構想へ発展していったということである。

そして赤十字創設へつながるもう一つの重要な線分は、デュナンがフランス・サルデーニャ連合軍の兵士と平等にオーストリア軍兵士も看護したことや、自分と同じように敵兵を看護する人たちがいるのを実見したことである。

ドイツ、オーストリア、ハンガリア、ボヘミアにいる気のどくなおかあさんたち、あなたがたの子どもさんが負傷して、この敵の土地で捕虜になっていることを知ったら、どんなに悩むかを考えずにいられれましょうか。しかし、カスティリオーネの婦人たちは、私が国籍の差別をまったくしないのを見て、これにならい、こんなに出身地がいろいろであり、彼女たちにとってはみな異国人である兵たち全部に同じ親切を見せるのである。《みんな兄弟です《トゥッティ・フラテッリ》》と彼女たちは感動をこめてくりかえすのであった。このあわれみぶかい婦人たち、あのカスティリオーネのおとめたちにほまれあれ。彼女たちを失望させ、あきさせ、勇気を失わせる何ものもなく、そのつつしみぶかい献身は、疲労も不快も犠牲も心にかけようとはしなかったのである。(8)

現在のオーストリアより数倍巨大な「オーストリア帝国」は、著しい他民族国家だった。ロンバルディアも帝国の一部だったが、イタリア系住民の大多数はサルデーニャ王国によるイタリア統一を支持しており、第二次イタリア統一戦争の結果、サルデーニャ王国に併合された。デュナン自身、『ナポレオン三世によって再興されたシャルルマーニュ帝国、あるいは復興された神聖ローマ帝国』のなかでも、『ソルフェリーノの思い出』の冒頭でも、イタリアの統一運動とフランスの加担を賞賛している。サヴォア公国の後身であるサルデーニャ王国は、フランスとともにジュネーヴ州と国境を接しており、デュナンにとってきわめて親しい国でもあったはずである（一八六〇年にサヴォア地方がフランスに割譲されて以降は、ジュネーヴ州に隣接する国はフランスのみになったが）。しかし、負傷兵の救護は、彼にとって、あくまで政治的な立場を超えた人道主義に基づく行為であったのだ。「トゥッティ・フラテッリ Tutti fratelli」の精神がどのように赤十字に取り入れられるのかは、次節で確認することにしよう。

それにしても『ソルフェリーノの思い出』には、看護をする女性を讃える文章が目立つ。彼女らに、どこかで母アンヌ＝アントワネットの姿を重ね見ていたのかもしれない。

3　『ソルフェリーノの思い出』の出版と赤十字の誕生

結局、デュナンはイタリアでナポレオン三世に謁見できなかった。秋にはロンドンに渡って再度謁見を願ったが、許可が下りなかった。そうして植民事業をめぐる問題が絶望的に悪化していくなか、デュナンはアルジェリアには戻らず、戦線での見聞とそこから考えた事柄を人々に伝えるため、本の執筆に取り組み、一八六二年十一月、『ソルフェリーノの思い出』を自費出版した。

『ソルフェリーノの思い出』の前半は克明な戦記となっているが、後半は一転して、戦場に残された死傷者の悲惨なさまとボランティアの献身的な救護活動の描写がつづき、ようやく締めくくりに至り、つぎのように負傷兵のための国際的救護団体を創設する必要性が提唱される。

だが、心を苦しませ、いたませる光景をなぜこんなに幾つも幾つも物語り、恐らくは人に悲しい思いをさせたのか。なぜ、まるで喜んで書いてでもいるように、いたましい場面にまで筆をのばし、こまかくてやりきれないと思われるような書きかたで描写したのか。

この当然起こるにちがいない疑問にたいしては、さらにこちらも別の質問で答えることを許していただきたい。すなわち、熱心で献身的で、こういう仕事をする資格の十分にある篤志家たちの手で、戦争のとき負傷兵を看護することを目的とする救護団体を、平和でおだやかな時代に組織しておく方法はないものかと。(9)

革新的なのは、負傷兵救護団体が、政府や軍の機関ではなく民間の国際機関とされている点、平時から戦場における救護活動に備える常設機関とされている点、救護に携わる人に「十分な資格」が求められている点である。

諸国家による国際協定の締結も提案されており、のちのジュネーヴ条約につながる部分として注目される。

たとえばケルンとかシャーロンに国籍のちがう戦術の大立者が集まるというような特別の場合に、この会議ともいうことのできる機会を利用して、何か国際的に神聖な協約として一つの原則を定めることは望めないであろうか。この原則が承認を受けて批准されれば、ヨーロッパ各国における《負傷兵救護団体》の根拠として役立つのではなかろうか。一度戦闘行為が開始されれば、交戦者はたがいに悪意をいだき、種々の問題を自国民のためという、ただ一つの、限られた観点からだけしか扱わなくなるだけに、前もって協定をして、手段を講じておくことがいよいよ大切なのである。[10]

ここでは、来るべき国際的救護団体が中立の立場をとって国籍の分け隔てなく負傷者の救護にあたるべきことも、間接的に主張されている。

またデュナンは、ソルフェリーノの戦いの見聞を振り返りながら、国際的救護活動を円滑に行なうために言語の障壁を乗り越える必要があることを指摘している。「カスティリオーネの野戦病院やプレシャの諸病院に放置され、その幾人かは自国の言葉で意志を表すことのまったくできなかったが、あの死にかけの人々は、そのいうことを理解し、耳を傾け、慰めてくれるだれかがそばにいたならば、人をのろい、神をけがす言葉を吐きながら息をひきとっただろうか[11]」。プレシャでデュナンがイタリア系市民からフランス人負傷兵の通訳を五度も頼まれた、という逸話を思い合わせたい(12)。

『ソルフェリーノの思い出』は大きな反響を引き起こした。すぐに版が重ねられ、早くも翌年にドイツ語、イタリア語、オランダ語に訳された。ヴィクトル・ユゴーや、チャールズ・ディケンズといった名士が感動や賛意を伝える礼状や書評を書いてくれた。

常設救護団体設立の提案に対してすばやく応えたのは、若い法律家でジュネーヴ公益福祉協会会長だったギュスターヴ・モアニエである。ジュネーヴ公益福祉協会はジュネーヴ内の社会問題に取り組むローカルな民間福祉団体だったが、モアニエは初版の出版早々デュナンを訪ね、国際救護団体設立への協力を申し出た。かくして準備作業のために、アンリ・デュフール将軍（委員長）、ギュスターヴ・モアニエ（副委員長）、アンリ・デュナン（書記）、ルイ・アッピア医師、テオドール・モノアール医師からなる「五人委員会」が結成され、一八六三年二月十七日、第一回会合が開かれた。奇しくも会場は、ジュネーヴYMCAが結成されたのと同じ、サン＝ピエール大聖堂前のホールだった。まだ「赤十字」と名乗ってはいなかったが、のちにこの日が「国際赤十字発足の日」と定められる。

同年秋、デュナンは中欧の要人に構想を説明し、ジュネーヴで予定している国際会議への参加を請いに、ベルリン、ウィーン、ドレスデン、ミュンヘン、ダルムシュタット、シュトゥットガルト、カールスルーエといった主要都市を巡った。ベルリンでは軍医が多く集まる国際統計学会に出席し、オランダ人軍医J・H・C・バスティングが、デュナンとともに練り上げたドイツ語原稿を読み上げ、全体会議でジュネーヴの国際会議に対する賛同が決議された。またデュナンは、五人委員会の見解として、戦場における国際的救護団体の活動に対しては「中立性」が認められなければならないと説く回状を発表した。しかし、実際は「中立性」の問題はまだ五人委員会で正式に議論されておらず、デュナン以外の委員は「中立性」の主張は非現実的な理想主義であると見ていた。デュナンは晩年の回想録で「この回状は自分一人から出たものであるにもかかわらず、ジュネーヴの委員会の名を記したので、自分は完全に手順を踏んだものではなかった。しかし、この時はたとえ一時間でもわれわれの成功にとって空費し難い場合であったから、それを待つ必要もないと判断し、また逡巡して新たな困難を醸成してはならない状況だった[13]」と弁解しているが、この独走は、彼の孤立や、モアニエとの確執を生む要因になったと見られている[14]。

同年十月二十六日から二十九日まで、十四カ国からの代表による国際会議が、ジュネーヴのパレ・ド・ラテネ（アテネ・パレス）で開かれた。モアニエが議長を務め、各国に負傷兵救護団体をつくることを申し合わせた「赤十字規約」が可決された。スイス国旗の色を反転した「白地上の赤十字」を標章とすることが正式に定められたのは、この時である[15]。「ベルリン回状」が主張していた救護員の中立性と身柄の保証も、補足的な「希望宣言」として承認された。

「赤十字規約」はまだ各国政府による国際条約ではなかったが、翌一八六四年、スイス連邦政府が欧米諸国の政府代表を招集し、八月八日からデュフール将軍を議長とする外交会議が開かれ、八月二十二日、十二カ国代表が「戦地軍隊負傷者の境遇改善に関するジュネーヴ条約」に署名した。第一条で、救護員の中立性が保証され、第六条で、国籍に関係なく負傷兵を救護することが定められた。国際委員会の委員長にはモアニエが就いた。

なお、こうして赤十字国際委員会の座がジュネーヴに据えられたことは、この小都市が国際機関のメッカに成長する礎となったといえる。

4　デュナンの没落と再評価

一八六七年春、モン＝ジェミラ水車会社に投資してきたジュネーヴの銀行が倒産し、デュナンは会社の倒産を申告した。債権者や株主から訴追されたデュナンはジュネーヴを去り、パリに移り住んだ。八月にジュネーヴ商業裁判所は偽装倒産という判決を下した。たいへんなスキャンダルだった。この判決の数日後、デュナンは国際赤十字委員会書記を辞任し、九月には委員会から除名され、翌年、ＹＭＣＡからも除名された。彼の没落と孤独な放浪生活のはじまりである。デュナンとデュナン家は控訴したが、一八六八年八月、敗訴が確定した。

方向性や気質の違いによってデュナンに反感を募らせていたモアニエ委員長は、赤十字からデュナンの面影を一掃する挙に出た。たとえば、一八六七年のパリ万国博覧会に赤十字の展示が設けられることに決まると、総コミッショナーに六月十二日付で以下のような手紙を送った。「私は『極』秘に、また今日に至るまで国際委員会の書記を務めてきたアンリ・デュナン氏がなすかもしれない介入に対して、あなたの注意を喚起しなくてはなりません。いくつかの深刻な理由により、私共はもはや彼に我々の代表として振る舞って欲しくないのです。従ってもし彼が我々の名義で行動するようなことがあっても、あなたがそれを拒否されることを望みます[16]」。

万博中にパリで開催された第一回赤十字国際会議に一私人として参加したのを最後に、デュナンは赤十字国際委員会の活動から身を引いた。しかし、彼の情熱的博愛精神がこれで封じられてしまったわけでは全然ない。その後の人道的諸活動をごく簡略に素描しておこう。

普仏戦争（一八七〇年）が起きると、デュナンはフランスのウジェーヌ皇妃に手紙を出し、負傷兵の安全な看護のために戦線の近くに中立地帯を設けることを提案した。すぐにナポレオン三世がプロシアに降伏して第二帝政が瓦解してしまったので、この提案は検討に付されなかったが。

敗戦後の内乱が収まると、デュナンはパリで「秩序と文明世界同盟」を設立し、一八七二年六月、国際会議を開き、捕虜の処遇の改善を訴える演説を行ない、その後、イギリスを遊説した。捕虜の惨めな待遇はすでに『ソルフェリーノの思い出』のなかで問題にされていたが、当時の赤十字は負傷していない捕虜をまだ保護対象として規定していなかった。けれども「世界同盟」の活動はほどなく停滞し、一八七四年にデュナンは身を引いた。

こうした社会活動の一方、生活状態は悪化の一途をたどった。

私は出来るだけ切り詰めた生活をして、貧乏という貧乏はみんなし尽くした。それこそ、往来でポケットにしまい込んだ小さなパンを小さくちぎってそれもひとつ残らず食べてしまう、そんな人間の一人になったのである。上着が擦り切れればインクで染め、シャツの襟が汚れればチョークで白くする、あまり長いことかぶってブカブカになった帽子は、紙を畳んで内側から周りに詰めてかぶる、靴といえば水がしみとおる。そんな靴をはいた人たちが行く飲食店でさえ、もうツケでは食べさせてくれない。今や私は普通の食べ物を食べられないので胃を壊しているそんな人間の一人なのだ。私のような性格の者にとって下着を新調することができず、ボロボロになっているのを換えられないのは一番こたえる。二番続けて夜空で過ごさなければならなかったことがある。パリの一番安い地区に、それも三年間住んでいた部屋の家賃が払えないばかりに帰れなかったからだ。そんな夜は駅の待合室よりほかに行くところがなかった。[17]

貧困と過労は、デュナンの身体を徐々に蝕んでいき、特に胃病と湿疹に悩まされた。一八七五年にパリを退去したのちは、叔父からの仕送りや、支援者となったレオニ・カストネル夫人に支えられ、ブリュッセル、シュトゥットガルト、ローマ、バーゼルなどを転々とし、シオニズム支援や奴隷貿易反対のための社会活動もしたが、しだいに時間を保養や宗教的思索に割くことが多くなっていった。

そして一八八八年、六十歳を目前にしたデュナンは、ドイツ語圏スイス・アッペンツェル州ハイデンを隠棲の地として選んだ。スイス・ドイツ・イタリア三国の国境をなすボーデン湖の南側、ザンクト・ガレンの近郊に位置する閑静なリゾートだ。数年来ここでデュナンは度々保養をしていた。[18] レマン湖周辺に似た眺めが、疲れた心を慰めたのかもしれない。

ところで一八八七（明治二十）年には、「日本赤十字社」が誕生している。西南戦争（一八七七（明治十）年）の際、パリ万博で赤十字の展示を見ていた佐野常民《つねたみ》の主導によって「博愛社」が結成され、負傷兵を政府軍と薩摩軍の差別なく救護した。[19]「博愛社」は一八八六（明治十九）年にジュネーヴ条約に加盟し、本社と病院を麴町区飯田町（現千代田区飯田橋）に建てると、その翌年、名称を「日本赤十字社」に改めたのである。[20]

ザンクト・ガレンのゲオルグ・バウムベルガーというジャーナリストがハイデン福祉病院十二号室を訪ねてきたのは、一八九五年八月七日である。バウムベルガーは、赤十字の創設者がスイスの片田舎の病院で人知れず余生を送っていることを伝える記事を、シュトゥットガルトの週刊イラスト誌『ユーベル・ラント・ウント・メーア』（九月六日付）に大判の写真入りで発表した。[21]記事は反響を呼び、次々と各国各都市の新聞雑誌に転載され、翌年十月にはこれを元にした記事が『東京朝日新聞』にまで登場した。

1895年のアンリ・デュナン

忘却されていた人物の復権がはじまった。デュナンの境遇の改善を目的とする「デュナン財団」がシュトゥットガルトに設立され、赤十字創設におけるデュナンの貢献を明示する『赤十字とジュネーヴ条約の起源』（一八九七年）が出版された。著者はデュナンの若い友人で財団の創設者のルドルフ・ミュラーとなっているが、デュナンの草稿の翻訳に近いもの

アンリ・デュナンの墓（チューリッヒ）

だった。

一九〇一年十二月十日、第一回ノーベル平和賞が、アンリ・デュナンとフレデリック・パシー（フランスの平和主義運動家）に授与されることが発表された。二人とも高齢のためノルウェーにおける授賞式には出席できなかった。

一九一〇年十月三十日、ハイデン福祉病院でデュナンは穏やかに息を引き取った。その約二カ月前、ジュネーヴではギュスターヴ・モアニエが亡くなっていた。

私たちは、明暗や浮き沈みの激しいデュナンの生涯を、どのように評価すればよいのだろうか。ノーベル賞受賞によって、赤十字の創設者という名声は揺るぎないものになった。しかし、それ以降、反対にモアニエの方が急速に忘れられていき、資料的裏付けを欠いたまま、デュナンを聖人君子のように語る神話が形成されるという弊が生じた。さすがに近年は、デュナンの伝記や赤十字の初期史についての実証的研究が進み、デュナンの相対化やモアニエの再評価がなされている。事業の失敗や、各種団体活動から数年で離脱するのを繰り返したことなどから見て、デュナンに計画性・管理能力・協調性などが欠けていたことは確かだろう。国際委員会委員長の職務を一八六四年から亡くなる年まで四十六年間担い、赤十字を巨大で堅固な世界組織に育てあげたのは、慎重で厳格だったモアニエにほかならない。

だが、デュナンがいなかったら、そもそもモアニエが腰を上げなかったこと、赤十字形成の運動自体が成立しなかったことも、それに劣らず確かである。デュナンは十分条件ではないが、必要条件なのだ。慎重な現実主義が欠けている反面、デュナンが溢れるほど持っていたのは、常識・慣習・職業的束縛などにとらわれない発想力であり、軽々と国境を越える機動力であり、国籍や民族の壁を越える情熱的博愛だ。この点で、ソルフェリーノの戦いにおいて、デュナンがフランス国籍を持ちながら永世中立のスイス人でもあった事実や、一私人のボランティアとして救護に参加した事実は少なからぬ意義を持っていよう。

現在の国際赤十字本部（ジュネーヴ）

『ソルフェリーノの思い出』のなかで、デュナンはフローレンス・ナイティンゲールを讃えている。しかし、ナイティンゲールからは、国際的な民間救護団体は各国政府がすべき責任を代行してしまう点で問題である、むしろ各国政府に義務を果たすようにさせるべきである、という反論の手紙（一八六三年一月十四日付）が返ってきた。近代看護教育の生みの親である彼女は、クリミア戦争（一八五三―五六年）で傷病兵を手厚く看護したり、戦線の病院の劣悪な衛生状況を改善したりしたが、戦時大臣から派遣された看護婦長として、あくまでイギリス軍負傷兵のためにそうしたのだった。

持続可能な組織づくりには、冷静な現実主義が必要であるとしても、博愛主義的組織の創造という飛躍のためには、組織の論理を越えた熱い理想主義が原点に存在しなければならなかったのである。

■注

（1） Roger Durand, *Henry Dunant 1828-1910*, Editions Slatkine, 2012, p. 11.
（2） Marc Descombes, *Henry Dunant*, Editions Runé Coeckelberghs, 1988, p. 23.
（3） Corinne Chaponnière, *Henry Dunant: la croix d'un homme*, Editions Perrin, 2010, p. 91.
（4） 吹浦忠正『赤十字とアンリ・デュナン』中公新書、一九九一年、五三頁。
（5） 同、二〇頁。
（6） アンリー・デュナン『ソルフェリーノの思い出』木村利三郎訳、日赤サービス、二〇一一年、七〇―七一頁。
（7） 同前、七五―七六頁。
（8） 同前、八一頁。
（9） 同前、一三八―一三九頁。
（10） 同前、一五四頁。
（11） 同前、一五〇頁（原文に基づき一部改訳）。
（12） 同前、一一二頁。
（13） 吹浦前掲書、八一頁。
（14） Chaponnière, *op. cit.*, p. 150–153, p. 157–159.
（15） ただし、中央組織の名称が「赤十字国際委員会」に定まったのは一八七六年である。それまではもっぱら「負傷兵救護国際委員会」と称していた。
（16） 吹浦前掲書、九八頁（原文に基づき一部改訳）。
（17） 吹浦前掲書、一一一頁。
（18） Chaponnière, *op. cit.*, p. 150–153, p. 351–355.
（19） 博愛社の最初の事務所は麴町区富士見町（現千代田区富士見）に置かれた。それを記念し、法政大学市ヶ谷キャンパスに隣接する東京逓信病院の敷地の一角に「日本赤十字社発祥地」という案内板が立っている。
（20） 飯田橋駅東口から九段下へ向かう目白通りの歩道の傍らに「日本赤十字社跡」と刻まれた標柱が建ってい

る。

(21) Chaponnière, *op. cit.*, p. 393–400.

■推薦図書

アンリー・デュナン『ソルフェリーノの思い出』(新装版)木村利三郎訳、日赤サービス、二〇一一年

赤十字の創設につながったデュナンの主著の邦訳。邦訳は他に『ソルフェリーノの記念』寺家村博訳、メジカルフレンド社、一九八三年もあるが、現在は入手困難。

吹浦忠正『赤十字とアンリ・デュナン』中公新書、一九九一年

デュナンの人生と二十世紀初頭までの赤十字の歴史がコンパクトにまとめられている。デュナン関連地の紀行や、日本赤十字社史の紹介に特色がある。

■関連情報

＊国際赤十字・赤新月博物館(ジュネーヴ州ジュネーヴ市)

赤十字国際委員会本部の建物に隣接する博物館(二〇一三年五月リニューアル・オープン予定)。赤十字の歴史が、実物・パネル・映像など通してヴィジュアルに概観できる。キリスト教を喚起する十字を嫌うイスラム国に配慮し、「赤新月」を標章とする「赤新月社」が公認されているので、このような名称になっている。

＊ハイデン・アンリ・デュナン博物館(アッペンツェル州ハイデン)

デュナンが晩年を過ごしたハイデン福祉病院を、一九九八年に博物館化した施設。デュナンの十二号室が再現されている。ザンクト・ガレンからハイデン行きのバスが出る。

＊国際赤十字博物館(ロンバルディア州カスティリオーネ)

ソルフェリーノの戦いを中心とした赤十字史に関する展示をしている博物館。近くにデュナンが救護活動をした教会キエザ・マッジョーレが建っている。

＊日本赤十字社本社(東京都港区芝大門)

東館特別展示室で赤十字の発祥と日本赤十字社の歴史に関する展示を観ることができる。図書コーナーと売店もあり、後者では関連書籍を販売している。

第8章

ラザロ・ルドビコ・ザメンホフ（1859–1917）

人工言語エスペラントとことばの平等

内山政春

十九世紀なかば、当時帝政ロシアの領土となっていたポーランドに生まれたザメンホフは、ことばの異なる多くの民族が絶えず争いあう複雑な環境のもとに育つ。ユダヤ系であるザメンホフはその環境のなかでもっとも差別される階層に属していた。ザメンホフはいつしか、民族同士の争いが絶えないのはお互いのコミュニケーションを可能にする共通の言語がないからだと思うようになり、語学好きだった彼はついに言語を新しく作ることになる。民族間のコミュニケーションのために人工的に言語を作るという試みは当時のヨーロッパではいくつもなされていたが、彼の作った言語「エスペラント」は、そのなかでほぼ唯一、考案者の死後も生き残った。現在世界の多くの国にその言語を支持し、学ぶ人たちがいる。彼の生き方をたどるとともに、やはり現在世界の「共通語」といわれている英語がかかえる問題についても考えてみたい。

1　国際社会と共通語

もし私たちが海外旅行に行くとすれば、現地の人たちとどのようにコミュニケーションをとるだろうか。もちろんその地域のことばが話せるのが理想的で、せっかく行くならそれがいちばん楽しいだろう。しかしたとえばヨーロッパ数カ国を回る場合、ドイツ語やフランス語などを自由自在に使い分けるというのは誰もができる芸当ではない。そのような場合、今の世の中では英語を用いるのが一般的だろう。逆に、日本語を知らないドイツ人やフランス人が日本に来て道を聞いたり買い物をしたりする場合、彼らが私たちにドイツ語やフランス語で話しかけてくることはまずない。この場合もおそらく英語が用いられると考えられる。どちらのケースもお互いに「学んだ」英語がいわば「共通語」の役割を果たすわけである。

一方、アメリカ合衆国、あるいはイギリス、カナダ、オーストラリアなど、いわゆる英語国の人たちが日本に来た場合はどうだろうか。彼らが日本語を知らなければやはり英語で私たちに話しかけてくるだろう。私たちがこれらの国に行ったときに英語を使うことになるのもまちがいない。

ところで、日本でフランス人やドイツ人が私たちに英語で話しかけてくるのと、やはり日本で英語国の人たちが英語で私たちに話しかけてくるのは同じことなのだろうか。私たちが英語で「外国人」に対応するという意味では同じだが、フランス人やドイツ人が「学んだ」英語で私たちに接するのに対して、英語国の人たちは日本にやって来ても自分たちが国内でふだん使っていることばをそのまま使うことになる（実際にはすべての英語国民が英語のネイティブスピーカーというわけではないが、そのことはとりあえず措いておこう）。だからといって私たちが英語国で日本語を押し通すかといえば、それは現実的にありえない話だろう。つまり私たちは日本にいようが相手国にいようが、英語国民と英語で話すことを不思議だと思わなくなっているのである。

　私たちがフランス人やドイツ人と英語で話すのは、自分のことばでも相手のことばでもない、第三のことばをお互いに用いるわけだから（英語がフランス人やドイツ人にとってより日本人にとってはるかに難しいという問題はあるものの）、ある意味で「公平」だと言えなくもない。しかし同じように英語を話すにしても、その片方がネイティブスピーカーであるということは、海外旅行ぐらいならともかく、利害関係の絡むことがら、たとえばビジネスや国際会議などにおいて、たいへんな「不公平」ではないだろうか。自分たちの言語を外国でもそのまま使うということは、私たちがかつて朝鮮や台湾で日本語を押し通そうとした（今もしている？）のと原理的には同じことである。

　そうはいっても英語が事実上「共通語」なのだから仕方がない、という主張ももちろんあるだろう。また今はたまたま英語が事実上「共通語」として用いられているが、どの国のことばが「共通語」になろうとも、そのことばのネイティブスピーカーにとって有利になる、つまり「不公平」なのは変わるところがない。

　多くの民族が混在する環境のもとで近代化が進みつつあったヨーロッパでは、この問題が以前から認識されていた。その「不公平」を解消するための具体策として、どの民族の言語でもない中立の「人工言語」を作るというアイデアが登場してきた。あらたに作る人工言語であれば既存の言語に存在する不規則動詞など、学習の負担になる要素を取り除くことができるので、特定の民族の言語を学ぶより習得が容易である、という利点もある。さらにお互い「学んだ」言語で話す場合、ネイティブスピーカーと対するより心理的負担が少ないということも言えるだろう（私たちが英語を話す場合、相手がネイティブスピーカーであるよりそうでないほうが気楽だということはないだろうか）。このような考え方から、ヨーロッパではいくつもの人工言語が作られたが、そのなかでほぼ唯一、現在まで生命を保っているのが、ここで紹介する「エスペラント」という言語である。発表されたのは一八八七年、ユダヤ系ポーランド人であるラザロ・ルドビコ・ザメンホフがその創始者である。では、ザメンホフとはどういう人だったのか、彼が生まれ育った当時のポーランドはどういう状況だったのかを次に見てみることにしよう。

2　ザメンホフと国際語

ザメンホフはポーランドの東北部、首都ワルシャワから現在列車で二時間半ほどの距離にあるビャウィストクという町で生まれた。ポーランドは千年以上の歴史をもつ国だが、当時は力を失い、周囲の国に分割され、ビャウィストクは帝政ロシアの領土になっていた。

当時、ビャウィストクには主にロシア系、ポーランド系のほか、ドイツ系、ユダヤ系の四つの民族が暮らしていた。しかし言語が異なり、宗教が異なり、生活習慣が異なる彼らは、お互いに争いが絶えることがなかった。今でいう「多文化共生」とはほど遠い状況で、しかもユダヤ系であったザメンホフは、つねに差別と偏見にさらされていた。彼の住む町でも実際にユダヤ人虐殺事件が起きていた。

父親が語学教師で、幼いころから外国語に関心が高く、ヨーロッパのさまざまな言語を学んでいたザメンホフは、お互いに言語が異なり、コミュニケーションがうまくいかないことが民族同士のいさかいの原因になっていると考えた。彼は私信で次のように書いている。

私は、理想主義者として育てられました。人間はみんな兄弟だと教えられました。けれども、一歩家を出ると、「人間なんかいない。いるのは、ロシア人やポーランド人やドイツ人やユダヤ人などだけだ」と、いたるところで思い知らされました。幼い子供の、こんな「世界苦」を笑う人も多いかも知れませんが、こういう悩みで子供ごころにしじゅう苦しんでいたのです。そのころ、「大人」は何でもできると思っていたので、大人になったらこういう害悪をきっとなくしてやろうと、何度も考えたものでした。(1)

ザメンホフはまず、かつてヨーロッパで共通語の役割を果たしていたラテン語をもう一度復活させて用いるようにすればよいのではないかと考えたらしい。しかし彼は、ラテン語は一般民衆が学んで用いるには難しすぎるのではないかとも感じていた。

ザメンホフはロシア語を母語として育ったが（ドイツ語に近いユダヤ人の言語、イディッシュ語も母語だったという説もある）、ポーランド語とドイツ語も話すことができ、高校ではラテン語、古典ギリシャ語、英語を学んだ。これらの言語に見られる共通性に気づいた彼は、既存のことばではなく、ヨーロッパ語に共通の要素を組み合わせた学びやすい言語を新しく作ろうという考えに傾いていった。このようにして、彼は高校卒業のときまでに「エスペラント」の前身にあたる人工言語「リングベ・ウニベルサーラ（国際語）」を考案した。それが完成すると、興味を抱き共感を持ってくれた友人たちもこの言語を学び、この言語で作られた次のような歌を歌いながら、その誕生を祝った。

諸国民のにくしみよ、
たおれよ、たおれよ、時はきた、
全人類は一家族に
一致団結せねばならぬ！(2)

ザメンホフは、言語の異なる人びとがお互いに意思の疎通をはかれることが単に「便利」だという、そのようなレベルでものを考えていたのではなく、コミュニケーションを自由にすることが民族を超えたお互いの真の理解を可能にすると考えていたにちがいない。

しかしこのような、子供っぽいとも純粋ともいえる考え方と行動は、周囲の大人たちの理解を得ることはできなかった。あるときザメンホフの父親は高校の校長から、そのようなことをしていると精神的におかしくなってしまうと注意された。父親はザメンホフを叱り、言語を新しく作るような「お遊び」は禁止されてしまったのである。社会のなかで差別されていたユダヤ人にとって、生きていくために重要なのは手に職をつけることであり――このような状況はかつて日本社会でもみることができた――、そのためザメンホフは医学部に進学することになったのである。

彼はモスクワ大学医学部に進学した。彼は勉学に励みつつも、言語のことを考えるのをやめなかった。すでに述べたとおり、国際共通語を標榜して作られた人工言語はエスペラント以外にも少なからぬ案が発表されており、そのなかにはかなりの支持者を獲得したものがあったが、エスペラント以外の言語は、考案者が発表したあと、支持者によって改良案が続出し、収拾がつかない状態におちいり――いちど覚えた言語がたびたび変更されたらたまったものではない――結局は消えていったのである。ある人工言語は、考案者以外には使いこなせる人がいなかった、という笑えない話もある。(3) 彼は、自分の考案した言語が使用に耐えるものかどうかを確かめるために、既存の文学作品を自分の言語に翻訳するなどして、その言語がドイツ語やフランス語などの自然言語と同じく、真の言語となるよう努力を重ねた。これは言語に限ったことではないだろうが、自分の「作品」を世に問うということの責任と重要性をザメンホフはよくわかっていたのだろう。

彼の言語は一八八七年に発表された。彼の婚約者クララは資産家で、彼女の父親からの持参金をこの出版費用にあててくれたのである。この父親は彼の理解者で、のちに彼自身エスペラントを学んだとい

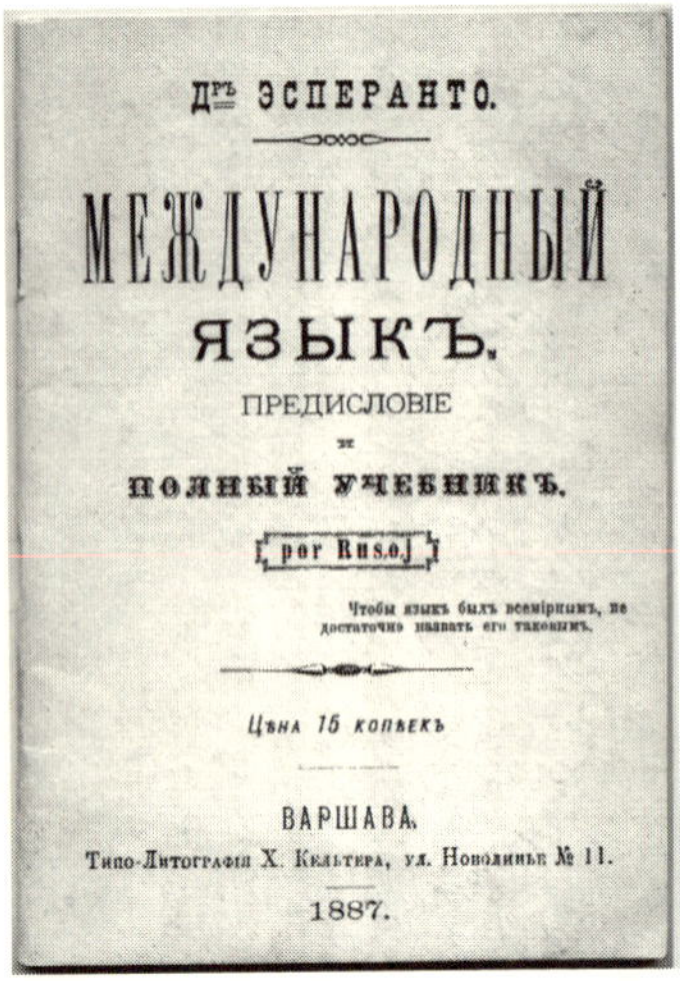

『国際語』［復刻版］。旧正書法のロシア語で書かれている。日本エスペラント協会蔵。

う。彼は「エスペラント博士」というペンネームで、『メジドゥナロードヌィ・ヤズィク（国際語）』とロシア語で書かれたささやかな小冊子を発行した。エスペラントで「希望する者」を意味するこのペンネームがやがてはこの言語の名として広がっていくとはそのときには想像していなかったにちがいない。

そのあと、この小冊子はポーランド語、フランス語、ドイツ語、英語でも発行された。そしてこの小冊子を手にした人々によって各地に支持者の集まりが生まれ、一九〇五年には、ついに「世界エスペラント大会」が開催されるにいたった。この大会は、二つの世界大戦の間を除き、現在まで毎年世界各地で交替で――日本では一九六五年に東京で、二〇〇七年に横浜で――開かれている。

先に少し述べたように、当時のヨーロッパにおいて人工言語の試みはいくつかなされていた。エスペラントが発表される少し前、一八七九年にドイツのシュライヤーという神父によって発表されたボラピュクという言語は、このような国際語を要望していた市民によっておおいに歓迎を受けた。しかし彼らの多くはエスペラントが発表されるとボラピュクを捨て、エスペラントに乗り換えることになる。それはシュライヤーがボラピュクに関して「すべての権利を自分に集中させるという権威主義的な態度に終始したのに対し、ザメンホフはエスペラントの発表と同時にあらゆる権利を放棄し、言語は人間すべてのものであることを実践した」[4]と言われているとおり、創始者のその言語に対する態度が、普及のための大きなカギとなったのである。それ以外にも、ヨーロッパの言語の知識のある者にとって、エスペラントは他の自然言語よりも圧倒的に学びやすいものであったこと、またザメンホフの理想主義的な考え方に共感を示した人たちがいたことも理由のひとつだといえよう。エスペラントの後にも、世界的英語学者であるイェスペルセンは、その欠点を克服したとする自分自身の人工言語ノビアルを発表したのだが、彼の死後、それはすたれてしまった。一方で言語学者ではなかったザメンホフの作ったエスペラントが彼の死後も生き続け、インターネット時代の今日、グーグルなどの検索エンジン、ウィキペディアやフェイスブックなどにエスペラント版が存在する、というのは驚嘆すべき事実だと言わざるをえない。

ユダヤ人として差別を受けながら育ち、民族というものに敏感にならざるをえなかったザメンホフは、エスペラントを発表する以前、当時盛んになってきたシオニズム、すなわちユダヤ人たちがイスラエルに祖国を再建しようという運動に賛同し、それに参加する。しかしシオニズムが結局は現にそこに住んでいるパレスチナ人たちとの民族的対立を深めるだけだと悟ったザメンホフは、その運動から手を引くのである。彼は、世界エスペラント大会が開かれて以来、ほぼ毎回そこで演説をしてきたが、第一次世界大戦が勃発した一九一四年、戦争のために中止となった大会での演説にかわって「大戦のあとで――外交官への訴え」という文章をイギリスの雑誌に投稿した。もともと病弱だった彼は心臓病を病み、病床でこの文章を書いたと言われている。その一節に彼の民族観が非常によく出ていると思うので、少し長くなるが、一部を引用することにしよう。

ある民族の人びとにある土地を引き渡せば、その土地について同じように当然の権利をもつ他の民族の人びとに、かならず不正をはたらくことになるでしょう。したがって、あなた方にできる唯一の真に公正な決定は、

「あらゆる土地は、精神的にも物質的にも平等の権利をもって、その土地に住むすべての人びとのものである」

という原則を、すべてのヨーロッパの主要国家が公式に確認合意し完全に保証する決定として、高らかに宣言することです。これは、基本的で当然の原則ですが、不幸にしてこれまで守られてこなかったものです。

これは、具体的には、「あらゆる国のあらゆる市民は、その私生活で、自分の好む言語や方言を話し、自分の欲する宗教を信じる完全な権利をもつ」ことを意味します。公共機関などでその国の唯一の汎用言語や土地の言葉が使われていても、それは少数者が多数者に対しておこなう便宜的な譲歩であって、被支配民族が支配民族に捧げる屈辱的な貢ぎ物ではありません〔傍線部のみ筆者が改訳した〕。多くの国や地方はいまもなお民族名を名称にしていますが、そのためある民族出身の人びとが他の民族出身の人びとに対して優越感を抱くのです。したがって、国や地方の名称には、すべて民族名ではなく、中立的な地名を使わなければなりません。

いちばん良いと思われるのは、大小さまざまのヨーロッパの国ぐにの代わりに、諸民族の現状によく合うように配慮された『ヨーロッパ合衆国』を作ることでしょう。しかし、これについて語るには、まだ時期尚早です。それよりも、ある土地はある民族のものだと一方的に決めていることが絶えざる紛争の種となっているのですから、少なくともこの紛争の源を、さきほど述べた原則を合意のうえで正式に受け入れることによって、まず取り除くべきだと思います。

［…］

ほかに何もしなくても、国から民族名を取り去るだけで（ごく易しいことです）、ひじょうに重大な行為をしたことになります。ヨーロッパの歴史に、新しい時代を作り出すことになるのです。中立の名前がついた国ではすべての住民の完全な同権が遅かれ早かれきっと達成されるからです。いっぽう、民族名をつけた国では、全住民の同権は不完全でけっして長続きしません。なぜなら、そういう国名をつけると、東ヨーロッパの多民族国家で見られる最も恥ずべき民族間の不正義を正当化することになり、それればかりでなくもっと文明が進んだ国ぐにでも誠実な市民たちの頭を混乱させ、「その国は国名となっている民族のものであり、その他の民族の人びとはよそ者にすぎない」という意見や感情を支持することになるからです。最も善意の場合でも、そういう国の市民たちは、自分たちがみんな一つの国民であるという考えになじむことができません。そういう国民を表す言葉がまったく存在しないので、どこの国の国民かとたずねられてもうまい言葉がなく、ある民族の名前を言うよりほかありません。自分はその国の共通の国民ではなく、特定民族に所属していると

しじゅう考えなければならず、まさにそういう状況が民族間の排外主義や同国人たちの間の不和を助長しているのです。(5)

ここに現在の「欧州連合」にあたる考え方がすでに現れている点にも驚かされるが、これは日本を含む東アジア近隣諸国の民族主義を考えるにあたって非常に重要な観点ではないだろうか。もっとも国名はどの民族名でもない「中立」なものでありながら、実質的には漢民族が実権を握っている「中華人民共和国」の例など、国名だけですべてが解決するというのは現実には難しく、一方では民族というものが、少数民族など、弱者にとってのよりどころになっているのは否定できない。

ザメンホフはついには民族を否定し、自分は何人でもなく人類の一人だとして「人類人主義」を提唱するにいたる。このような宗教的なものの考え方には少なからぬ批判がある一方で、現在でもエスペランチスト（エスペラントを話す人）の一部にはこの考え方に共鳴する人たちがいる。ザメンホフは、一時はユダヤ人の民族運動に参加しながらも、民族を主張することが結局は相手、つまりパレスチナ人に対する差別につながるとして手を引いた。民族主義のぶつかりあいではお互いの理解は決して実現しないということを述べたのが差別される側にいたユダヤ人としてのザメンホフであったということに、おおいに注目する必要があるだろう。

もともと病弱で、そのためか内省的で謙虚な性格であったザメンホフは、生活のため医者として働きながら、エスペラント普及のための運動に打ち込み、五十七歳にしてその生涯を閉じた。彼は今、大学生活を送ったワルシャワのユダヤ人墓地に眠っている。

3　エスペラントという言語

ザメンホフはその生涯にエスペラント関連の書籍を数点出版したが、一八八七年にはじめて出された小冊子の内容を含む、エスペラントの基本的なルール（文法と語彙）をまとめた『フンダメント・デ・エスペラント（エスペラントの基礎）』を一九〇五年に発行した。そこではそのルールがフランス語と英語、ドイツ語、ロシア語、ポーランド語で示されているほか、説明の一部と前書きには（それからもちろん練習問題も）エスペラントが用いられている。その一節を見てみよう。

Ĉion, kio estas skribita en la lingvo internacia Esperanto, oni povas kompreni kun helpo de tiu ĉi vortaro.

「国際語エスペラントで書かれたすべてのことがらはこの語彙（集）の助けによって理解することができる」という意味である。対応する英語を見るとこうなっている。

Everything written in the international language Esperanto can be translated by means of this vocabulary.

英語とエスペラントは異なる言語であり、両者が一対一で対応しているわけではないが、ザメンホフがエスペラントを考案するために参考にしたのがヨーロッパ語である以上、エスペラントは当然のことながら文法も語彙もヨーロッパ語と似ている。「エスペラントはヨーロッパの言語」なのである。(6)

エスペラントがヨーロッパの言語であるのなら、結局はヨーロッパ人に有利な、不公平な言語なのだと感じるかもしれない。それはまったくそのとおりなのだが、その議論は後で行なうことにして、エスペラントがどのように作られているのか、ここで文法のさわりを見ておくことにしよう。

単語は前置詞などを除いて語尾で品詞がわかるようになっている。-o で終わっているのは名詞で、lingvo = 言語、Esperanto = エスペラント、helpo = 助け、vortaro = 語彙、となる。また動詞の原形は kompreni = 理解する、のように -i で終わり、-as に取り替えることで現在形になる。estas = である、povas = できる、povas kompreni = 理解することができる、という具合である。さらに語尾の変化によって、helpi = 助ける、のように品詞を変化させることもできる。ちなみに Esperanto = エスペラント、という単語はもともと esperi = 希望する、に anto = その動作を行なう人（これも -o で終わっている）をつけて作られたものである。これを利用して helpanto = 助手、のような単語も作ることができる。単語の作り方がこのように規則的なので、自然言語よりも覚える単語の数がはるかに少なくてすむ。最初から計画的に作られた言語なので、不規則動詞などはもちろん存在せず、つづりと発音のずれもない。

エスペラントとはこのように自然言語の不合理なところを取り除いて作られた言語なので——そうでなければ作る意味が薄れてしまう——たとえば英語とエスペラントを同じ条件で学べば、ヨーロッパ人であってもアジア人であってもエスペラントの方がはるかに早く習得できる。ところがエスペラントを根拠なしに否定的にみる言語学者が少なくない。ある言語学者は英語とエスペラントを比べて「エスペラントで覚えるべき単語の数は少ないといっても、全部で一万五千もあるのだそうですから、これだったら英単語を覚えるほうが楽かもしれませんよね」などと言っている。ここで「全部で一万五千」というのはエスペラントの全単語(7)（正確に言えば単語のもとになる要素。単語自体は前に紹介した組み合わせで何倍にも増やすことができる）のことで、いうまでもなく日常的にそれが全部必要なのではない（私たち日本語のネイティブスピーカーにも日本語の「全単語」を言える人など一人もいない）。比較するのであれば英単語の「全単語」数と比較すべきで、それをもとにした「英単語を覚えるほうが楽かもしれませんよね」という主張、そのあとに続く「エスペラントを覚えるのが、英語に比べて特に簡単だということはないのではないかと思います」という結論(8)には論理的な根拠もなく、ただの「感情」にすぎない。ふつうの読解力が

『エスペラントの基礎』［復刻版］。日本エスペラント協会蔵。

あればそのことはすぐに見破れるだろう。

しかし、言語学者さえも（だから？）このような「感情」に支配されているのは事実で、なぜ英語の力が言語学者に冷静な判断を失わせるほど「強い」のかを考えてみる必要があるだろう。次に英語をめぐる問題にも目を向けてみることにしよう。

4　国際語と英語帝国主義

世界に数千とも一万近いともいわれる言語のなかで、なぜ英語が事実上の世界「共通語」になっているかを考えたことがあるだろうか。英語が学びやすい（学ぶ機会が多いという意味ではなく）言語だからでは決してなく、英語が他の言語より論理的だからでももちろんない。イギリス文学を専門とする大石俊一氏は「どうして、英語が一般的に共通語、国際語とされるようになったのでしょうか」というインタビューに答えて次のように言っている。

「無数にある言語の中で英語が俗称・共通語と言われるようになったのは、世界史の中での西洋の圧倒的な力、とりわけ英米が圧倒的な力をもってきたことが、直接的な原因でしょう。最初に資本主義が発達したイギリスは海外に販路を広げ、地球の四分の一ぐらいを我が物にしてしまった。こうした植民地支配、帝国主義的支配が尾を引いているんだと思います。そのイギリスの後を継いだのが米国ですね」

「アングロサクソンは、われわれは他民族を支配することを神によってゆだねられた民族、英語は神によってめでられた言語くらいに思っている。従って、閉鎖的で、謙虚に自ら身を低くして他民族、他言語に学ぼうというところが少ない、と私は思っています」

〔…〕

「誤解されると困るのであえて強調しておきますが、決して英語学習をやめろと言っているのではない。英語のみというのはまずい、と言っているんです。そして、英語に対する日本人の意識を問題にしているんです」

「日本に来る外国人が英語をしゃべると、日本人はどうも英語で対応せねばと思ってしまう。日本語をしゃべったら良いんですよ。むしろ、日本に来る人にここの言葉を学習してもらわなくてはいかんのです(9)」

現在の世界では、少なくとも建前として、すべての民族は平等であり、民族が民族を支配することは許されないこととされている。そしてすべての民族文化は同じように尊重されるべきだと考えられている。ところが民族文化の根幹をなす「言語」に関しては、いわば弱肉強食の状況が続いてきた。

ザメンホフは言っている。たとえば国際語にどのようなことばを選定するかという選定会議を開くとする。そこで「現存の民族言語のどれか一つを選ぼうと思えば、各民族が互いに嫉妬するだけでなく、

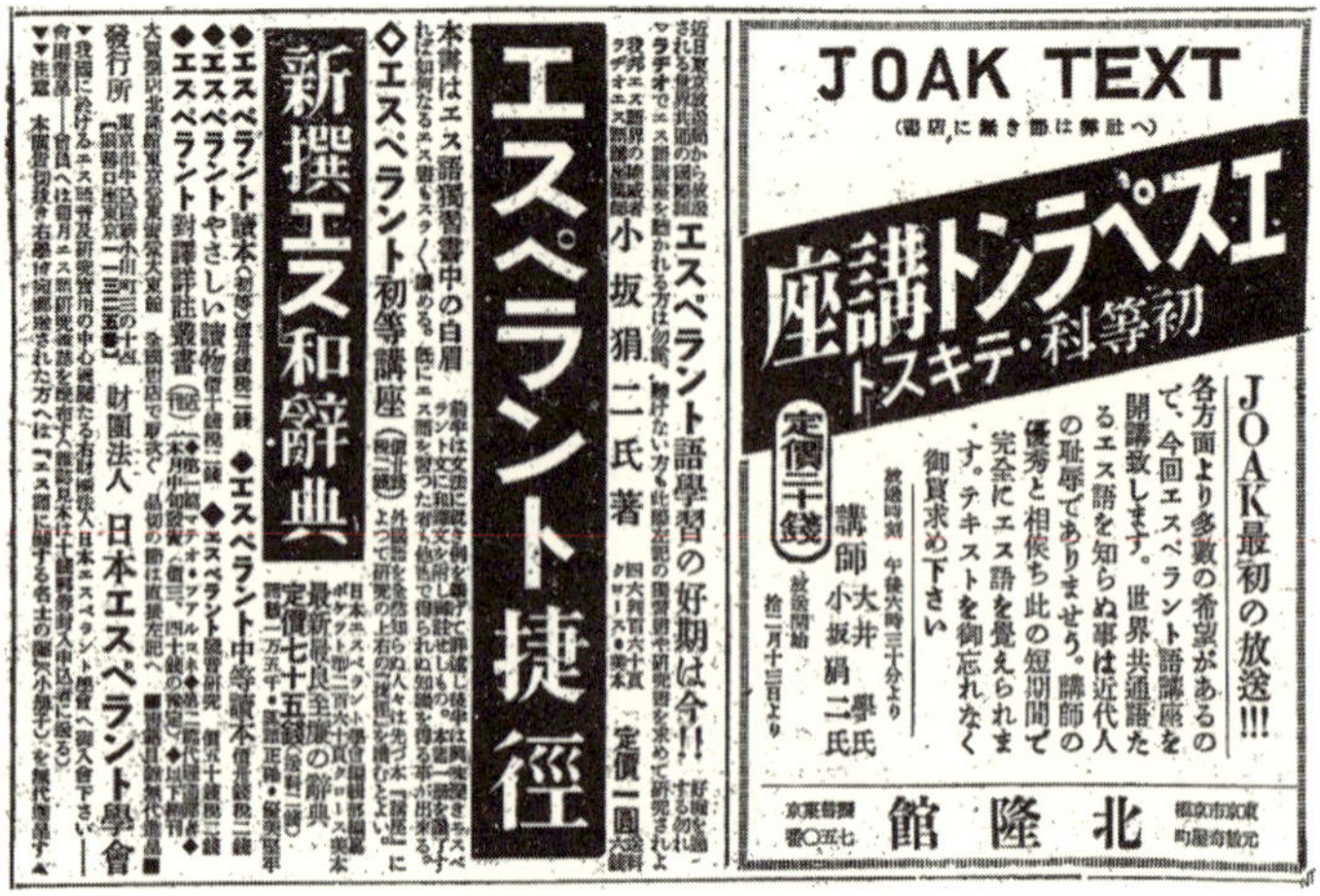

NHK ラジオで放送されたエスペラント講座のテキスト発売広告。
『読売新聞』1927 年 12 月 2 日 1 面

あらゆる民族が自分たちの存在が危うくなるのを心配するので、たちまち会議が行き詰まってしまう。なぜなら、国際語に選ばれた言語を話す民族がやがて他のあらゆる民族に対して絶大な力をふるうようになり、これを抑圧し併呑してしまうのは、まったく当然のことだから[10]」。英語偏重がますます大きくなっている現在、私たちは言語的な「対米従属」によって「自分たちの存在が危うくなるのを心配する」ことすら忘れてしまっているのではないだろうか。

実は、エスペラントは日本において、現在よりも戦前の方がその存在と影響力が大きかったのである。日本では早くも一九〇六年に、小説家の二葉亭四迷によってエスペラント学習書が書かれ、同じ年に日本エスペラント協会が設立されている。また一九二七年などにはラジオでエスペラント講座も放送された[11]。

戦前の日本は、アジアで唯一の遅れてきた帝国主義国家として、西欧が主導権を握る世界において、言語面では不利な立場に立たされていた（これは現在でも同じなのだが）。一方で日本は植民地をもつ「多民族国家」として、日本語を他民族に強要する立場でもあった。このように、言語に関して加害者と被害者の両面をかかえていた日本では、ザメンホフの思想とエスペラントは、社会主義運動の高まりとともに民族の連帯のシンボルとして左翼に支持される一方で、右翼のなかにも日本の支配する「大東亜共栄圏」の共通語としてエスペラントを用いることを提唱した北一輝のような人がいた。民族と言語に対する日本社会の感覚は「多民族国家」大日本帝国の解体とともに、戦前よりもむしろ戦後、退化してしまったと言えなくもない。

しかし最近、英語偏重の世の中において、これではいけないと異議を申し立てる人たちも現れはじめた。先に紹介した大石俊一氏もそのひとりである。これは日本だけのことではなく、世界的な人権意識の高まりとともに、言語の平等も人権の一つだという「言語権」という考え方が芽生えつつある。「ザメンホフの民族や言語に関わる人権思想は時代に先んじすぎていた」と言えるだろう(12)。

現在エスペラントがどの程度普及しているか、という質問に正確に答えるのは難しい。英語や中国語のように特定の国の公用語として用いられているわけではなく、エスペラントを話す人たちが集団で暮らしているわけでもないからである。エスペランチストは基本的にネイティブスピーカーではなく「学習する」ことによって話せるようになるので、その学習レベルをどうとらえるかによって数字は変わってくる。しかしどう考えても、英語などヨーロッパの有力な言語の話者よりはるかに少ないことは疑いようがないだろう。

それではエスペラントの存在意義はどこにあるのだろうか。先に「エスペラントがヨーロッパの言語であるのなら、結局はヨーロッパ人に有利な、不公平な言語なのだと感じるかもしれない。それはまったくそのとおり」だと書いた。ザメンホフがアジアの言語のことにまで具体的には考えが及ばなかったのは時代の制約で仕方がない。しかしものごとには段階がある。オール＝オア＝ナッシングの考えは捨て、エスペラントと英語（あるいは特定の自然言語）のどちらが「より公平か」ということを考えてみてはどうだろうか。

エスペラントのもっとも大きな意義は、基本的に誰もがこの言語を学ぶことによってはじめて習得できる、というところにある。一方英語は、それを母語とする人としない人がいて、しかも母語とする人を成員とする国は世界の強国である。エスペラントはヨーロッパの言語の話者に有利だから「不公平」な言語にはちがいないが、それを母語とする人が基本的に存在しない点でエスペラントは英語に比べて「より少なく不公平」な言語であるといえる。世の中に存在する矛盾を一挙に解決するなどということは、魔法でもないかぎり実際には無理なことで、少しずつでも良い方向に向かっていくしかない。エスペラントか英語かという問題は、異なる言語を話す人同士のコミュニケーションの場で、片方の母語をもう片方に押し付けるか（大石俊一氏は英語を押しつける英米人を「ウルトラ・ナショナリスト」だと指摘している[13]）あるいはお互いの母語をいったん捨て、お互いに歩み寄ってどちらの母語でもない言語を用いるか、そのどちらを選ぶか、という問題なのだといえよう。

エスペラントにネイティブスピーカーがいない（実はゼロというわけではない。エスペランチストのなかには、たとえば夫婦の共通語としてエスペラントを用いた結果、子供がエスペラントのネイティブスピーカーとして育つ、などという現象が起こっている。これはエスペラントの存在意義にかかわることで、やむを得ないとはいえ非常に良くないことである。もちろんその子供が英語のネイティブスピーカーのような「権力」を持っているわけではないが）ことを理由にエスペラントが国際語として不適格だと主張する言語学者もいる。つまり、エスペラントを用いたとしても、その解釈はお互いの母語に影響されるので、ネイティブスピーカーがいないと何を基準にしたらいいかわからない、という主張である。これは一見正しそうだが、実は他の言語を学ぶときにも同じことが起きているのである。たとえば私たちが英語を学んで英米人と英語で話す場合、私たちが英語の細かいニュアンスまで理解しているとは限らない。むしろそうでないことの方が多いだろう。その場合、その解釈の「全権」はネイティブスピーカーとしての英米人に委ねられるわけである。これは実際に国際会議の場で起きている問題である。はたしてこれが「公平」だろうか。むしろ、解釈の違いをすり合わせるためにお互い努力する、その姿勢が重要なのではないだろうか。今の世の中では英語が事実上の「共通語」となっているのを否定できないが、英語を学ぶにあたっては、そこに含まれる問題点をつねに意識しながら学んでほしいと思う。

最後にザメンホフのことばをもうひとつ紹介したい。

私たちは諸民族の内部生活にまで介入しようとするつもりはありません。諸民族を結ぶ架け橋を作ろうとしているだけです。まだきっちりとした形になっていませんが、理想に燃えるエスペランチストがいつもはっきり意識しているスローガンは、「我われは、各民族が自分の民族に固有の事柄を押しつけ合うことなく、なかよく平和につきあっていけるような中立の基盤を作りだしたいと望んでいる」ということです[14]。

■注

(1) ラザロ・ルドビコ・ザメンホフ『国際共通語の思想――エスペラントの創始者 ザメンホフ論説集』水野義明訳、新泉社、一九九七年、一六〇頁。

(2) 伊東三郎『エスペラントの父 ザメンホフ』岩波書店、一九五〇年、四二―四三頁。漢字表記は旧字体を新字体に改めた。

(3) 二木紘三『国際共通語の夢』筑摩書房、一九九四年、六〇頁。

(4) 亀井孝・河野六郎・千野栄一編『言語学大辞典 第6巻 術語編』三省堂、一九九六年、七五〇頁。

(5) 前掲『国際共通語の思想』、一二八―一三二頁。

(6) ヤマサキセイコー「新語はどうしてつくるのか」『エスペラント』日本エスペラント学会、一九九七年一月号、六頁。

(7) 二〇〇六年に日本エスペラント学会から発行された『エスペラント日本語辞典』は主見出し語として一万七六三三語（空見出し語四三九語を含む）を収録している。

(8) 町田健『言語学が好きになる本』研究社出版、一九九九年、一七三―一七四頁。

(9) 『朝日新聞』一九九一年四月二十日、夕刊三面。

(10) 前掲『国際共通語の思想』、六三―六四頁。

(11) 「テキストは初等文法と練習問題および読み物からなる三八ページ、定価二〇銭の簡単なものであったが、当初三千部を発行してたちまち売り切れ、五千部、一万部と売り上げを伸ばし、開講当日までの総売り上げ部数は一万五千部を突破した。これは英独仏語など他の語学講座テキストの発行部数を超えるものであった」。初芝武美「日本エスペラント運動史（14）」『エスペラント』日本エスペラント学会、一九九三年二月号、三四頁。
（12）後藤斉「ザメンホフ」『言語別冊　言語の20世紀101人』大修館書店、二〇〇一年、一七頁。
（13）大石俊一『「英語」イデオロギーを問う――西欧精神との格闘』開文社出版、一九九〇年、二五頁。
（14）前掲『国際共通語の思想』、二二三頁。傍点は原文のまま。

■推薦図書

小林司『ザメンホフ　世界共通語《エスペラント》を創ったユダヤ人医師の物語』原書房、二〇〇五年

かつて、小学校の国語教科書にザメンホフの伝記が載っていた時代があった。ある年代以上の人たちはそのおかげで、ザメンホフという人がいて、万国共通語としてエスペラントというものを作ったということは知っているのだという。現在の世の中からは「理想主義」が消えてしまったということなのだろうか。しかしさいわい、良質の詳しい伝記を今でも読むことができる。とくに薦めたいのがこれで、本稿をまとめるにあたっておおいに参考にした。

田中克彦『エスペラント――異端の言語』岩波書店、二〇〇七年

二木紘三『国際共通語の夢』筑摩書房、一九九四年

前者はエスペラントをめぐる歴史、社会的な状況を詳しく論じたもの。言語の概要を知ることもできる。筆者は言語学者のなかでは「珍しく」エスペラントに好意的である。後者はエスペラント以外の人工言語を含め、その歴史と概要を要領よく解説している。エスペラントが他の人工言語に比べて（ヨーロッパ人以外にも）学びやすいということが理解できるだろう。

小林司・萩原洋子『4時間で覚える地球語エスペラント（CD付改訂版）』白水社、二〇〇六年

安達信明『ニューエクスプレス　エスペラント語（CD付）』、白水社、二〇〇八年

エスペラントという言語そのものを学んでみたい、という人向けには、いくつか入門書が出ているが、このふたつがいいだろう。前者は手っ取り早く全容を知りたい人向けで、「4時間」というのは誇大広告だと思うかもしれないが、少なくとも英語の基礎がある人にとって、全体のしくみの手ほどきをうけることにより、会話はともかく、基本的な内容を理解する、ということは可能なのではないかと思う。後者は、他の自然言語と同じように順を追って学んでいく、定評のあるシリーズの一冊である。

大石俊一『「英語」イデオロギーを問う――西欧精神との格闘』開文社出版、一九九〇年
津田幸男編『英語支配への異論』第三書館、一九九三年
津田幸男『英語支配とことばの平等――英語が世界標準語でいいのか?』慶應義塾大学出版会、二〇〇六年

国際語は何か、ということを考える以上、英語の負の面、英語帝国主義に触れざるをえない。そのうちの何冊かを紹介する。大石俊一氏のものは、本文中で紹介した『朝日新聞』のインタビューのもとになった。一方津田幸男氏は精力的にこの問題を取り上げている。近年日本のいくつかの大企業で英語を社内公用語にするという動きがあるが、それに対しても正面から批判の声をあげている。

■関連情報

＊日本エスペラント協会

現在日本でエスペラント普及を目的とする団体のうちもっとも規模が大きいのが「日本エスペラント協会」である。これは本文中で取り上げた同名の団体とは直接的な関係はない。「日本エスペラント協会」は一九一九年「日本エスペラント学会」の名で設立され、長らくこの名称で活動を続けてきたが、二〇一二年、現在の名称に変更された。エスペラントによる名称はJapana Esperanto-Instituto（JEI）、ホームページはhttp://www.jei.or.jp/である。本部は東京都新宿区早稲田町にあり、国内外で発行された主なエスペラント書籍を購入することができる。またこの協会の会員になると月刊誌『エスペラント』を受け取ることができる。

＊世界エスペラント協会

世界の主な国には「日本エスペラント協会」のような団体があるが、それを統括する世界組織が「世界エスペラント協会」で、エスペラント名称はUniversala Esperanto-Asocio（UEA）、ホームページはhttp://www.uea.org/である。オランダのロッテルダムに本部があり、ここを通じてエスペラント書籍をオンラインで購入することもできる。

また、本文中でも触れたが、ウィキペディアにはエスペラント版がある。記事数では二十九位で、なかなかの健闘ぶりだといえるだろう（二〇一三年二月七日現在）。

第9章

ムスティスラフ・ロストロポーヴィチ（1927–2007）

良心の旋律

佐藤千登勢

「栄光」を意味するスラーヴァという愛称で親しまれ、聴衆の心を揺さぶらずにはいない情動的にしてエネルギーに満ちた演奏と卓越した技巧により、二十世紀最高のチェリストに数えられるロストロポーヴィチ。だが、何よりも、彼の旋律が私たちに深い感動をもたらすのは、ソ連という過酷な社会体制の中にあってなお、つねに自らの良心にのみ耳を傾け、体制の圧力に屈することなく、「反体制派」と呼ばれた友人や師を支援し擁護した勇気、また自らも亡命と国籍剥奪という悲劇に見舞われながらも、これを乗り越え、体制という大きな権力に対して良心をもって勝利した、その「人間としての美しさと強さ」に裏打ちされたものであるからに違いない。彼は音楽と良心の力をもって、国境を超えて人々に敬愛され、聴衆を感動させずにはおかない奇跡のチェリストとなった。ロストロポーヴィチの人生をひもとけば、この世にはかくも素晴らしい人間が存在するのかと、人生に希望をもつことができるはずだ。

1　良心と連帯

何が起ころうとも、良心だけは失わないようにしたいのです。時代がどのように変化しようとも、自らの良心に忠実であれば、人生は充実したものとなり、やがて迎えるその人の死は安らかなものになるはずです。(1)

信心深い聖職者さながらの言葉。これは、二十世紀最高のチェリストと謳われ、指揮者、ピアニストとしても名を馳せた音楽家ムスティスラフ・ロストロポーヴィチが一九七〇代前半に述べたものである。この言葉に重みがあるのは、この音楽家が若い時分から一貫して、この言葉通りのことを実践してきたからに他ならない。だが、ロストロポーヴィチ自らも、そのために大きな代償を払うことになった。このことについてはまた、後に述べることにしよう。

《良心》（совесть：ソーヴェスチ）という概念は、峻厳な自然のなかで互いに助け合わねば生活のなりたたなかったロシアの人々が、自ずと育んできた個人個人の道徳的な価値基準であると同時に、みなに共有されてきた人道的精神とも言われる。互いに協力し合う慣習から、西欧的個人主義ではなく、共同体意識や同胞愛、連帯する志向性が強まった伝統がロシアにはあるのだ。ちなみに、語のつくりとしては、со- という「集団性や共通性」を意味する接頭辞と「知らせ、認識」を意味する весть（ヴェースチ）

という名詞が組み合わさったもので、字義通りであれば「皆が共有する認識」という意味をもつ。だが、これは、ロシアの人々にとっては「常識」程度の意味ではなく、神が万人に授けた、人間であれば誰もが有する魂の善なる部分を指し、善と悪を区別できる人間固有の感覚のことをさす[2]。

ソ連邦が崩壊して二十年以上が経過する現代のロシアでは、良心や連帯を大切にする伝統が都市部を中心に薄れてきてはいるのも確かだ。けれども、ここで確認しておきたいのは、ロストロポーヴィチが人生においてもっとも大切なモラルの拠り所を、個人の中にある《良心》であると断言し、これを失ってしまっては、「人間として恥ずべき、そして後悔する人生を送ることになる」と主張していたことである。さらに、彼は《団結》や《連帯》という言葉も好んで使っていた。むろん、それは、政治的な意味での団結ではない。音楽を通して聴衆が心を一つにし、作曲家のメッセージや主張や生きざまを、演奏者と聴衆が追体験すると同時に共感を分かち合う体験である。その共感が聴衆を一つにすることをロストロポーヴィチは心から願い、まさにそのような、コンサートホール全体が心を一つにするような音楽を求めて、一日のほとんどの時間をチェロの演奏やリハーサルにあてる日々を送った。

自身の良心に耳を傾け、困窮している人に支援の手を差し述べずにはいられないその精神性と、若い頃から数々の国際音楽コンクールで常勝してきたチェロの天才は、いかにしてその二つの素質を両立させることができたのだろうか。その謎を探るために、ロストロポーヴィチの幼少期から説き起こしてみよう。

2　音楽と良心への目覚め

一九二七年三月二十七日、後にソ連の共和国の一つとなり、やがて再び独立を果たすアゼルバイジャンの首都バクーにムスティスラフ・ロストロポーヴィチは生を受けた。父方の先祖はリトアニア、ポーランド、チェコの血を引くが、ロストロポーヴィチは《ソ連人》として教育を受ける。ピアニストであった母親とソ連有数のチェリストであった父親のもと、音楽がつねに環境の一つとなっていた家庭に育った。こうして、父親の奏でる豊かで深い響きをもつ楽器を息子は自然と手に取るようになるが、最初の師となった父親リオポリトは、息子にチェロの練習を強制することは決してなく、息子が気持ちに任せて自由に練習をするのを傍らで見守った。ロストロポーヴィチにとって、チェロは遊び道具のひとつのようで、自由にこれと戯れていたという。

また、両親から引き継ぎ、その能力をのばすことができたのは音楽の才能ばかりではない。ロストロポーヴィチは、後にこう回想している。

私は、これまでの人生で、それは素晴らしい人々に多く巡り会うことができました。父も母も素晴らしい人たちだったのです。二人は、自らの良心を何よりも大切に生きていましたが、生活は大変貧しかった。戦争の時など、私たちは、黒パンの切れ端を分け合って、ようやく命をつないでいたのです。ですから、飢えや苦しみというものがどんなものか、よく知っているつもりです。さらに私は、芸術家を生業とした時も若い頃は困窮していて、いろいろな仕事をしました。絵の額縁を造ったり、彫像もしました。

そうした過程で学んだのが、裕福な人よりも貧困な人々のほうが、より幸福かもしれないということです。皇帝であろうが王であろうが、幸福を考える上でそれは問題ではない。「良心とともに生きている人間こそが、幸せなのだ」ということをその時、知ったのです。

まず、この世に生まれ落ちてから最初に出会った両親が、音楽教育を施してくれたばかりでなく、いかに貧しくとも《良心》を大切に生きる姿勢、その高潔な人間性を息子に示していた。ロストロポーヴィチの人生には、艱難辛苦の絶えない時期もあったが、このような父母に育てられ、その後も、心から尊敬できる師や友人たちとの交流に恵まれた。そのなかでも、ボリショイ劇場の歌姫として名を馳せ、良心を大切に生きるという価値観を同じくし、後にロストロポーヴィチの妻となった不世出のオペラ歌手ガリーナ・ヴィシネフスカヤとの出会いは、彼にとって僥倖というほかなかったろう。

ロストロポーヴィチ自身は、十二歳の時にチェロで舞台デビューを果たすほどの神童で、その後も十八歳の若さで、全ソヴィエト音楽コンクールで第一位となったのを皮切りに、プラハ、ブダペストなどの国際コンクールで次々と優勝をさらう。その後、弱冠三十歳で、モスクワ中央音楽院の教授に就任した。

ちなみに、モスクワ音楽院でロストロポーヴィチに作曲を指導したのは、二十世紀最大の作曲家として音楽史にその名を刻むと同時に、スターリン体制による抑圧に苦しめられた、かのドミートリイ・ショスタコーヴィチだ。チェロ、指揮、ピアノにおいて名を馳せたロストロポーヴィチだが、作曲のみは途中で断念している。それは、この偉大なる師の才能に圧倒されたがためであった。だが、二人は師弟としてのみならず、互いに才能を認め合う作曲家とチェリストとして、また、敬意と信頼を抱く同志としても、深い絆で結ばれた。ショスタコーヴィチは、弟子ロストロポーヴィチについて次のように語っている。

私の人生の中で、もっとも尊いのは、ロストロポーヴィチとの出会いと友情です。彼が私の曲を演奏することは、何ものにも代え難い喜びなのです。

このように、ロストロポーヴィチは自らの中にある音楽の才能と良心とを、自らの外界で起こる素晴らしい人たちとの出会いを通していっそう開花させ、努力によっていっそう強靭なものにしていった。天賦の才という言葉がある。確かに、ロストロポーヴィチには、両親から引き継ぎ、天が彼に恵み与えた音楽の才能と慈愛に満ちた性格が備わっていた。だが、天賦の才というものは、たとえば素晴らしい人たちとの出会いによって易々と引き出されるわけでは決してなく、それが引き金や契機になることはあっても、むしろさらなる試練によって「試されて、顕現」するものだ。この試練、障害を乗り越えることができるか否か、これにより、その人間の優れた素質、能力、魂の美しさが確かなものであるかどうかが明らかとなる。秀でた才能、優れた人格と言われるものは、必ず試される。

ロストロポーヴィチの同時代の人々は、スターリン体制による粛清・抑圧、および冷戦時の言論・思想統制によって試された。それは、私たちの想像を絶する過酷な時代であった。

一九二〇年代を代表するソ連の作家ミハイル・ブルガーコフは、「人間の最大の罪は《臆病》であることだ」と作中人物に語らせ、臆病ゆえに自己保身に走る者、隣人を当局に密告する者、無関心を装う者、保身ゆえに虚偽を吐く者を断罪した。そのブルガーコフは、諷刺に満ちた作風ゆえに作品を発表する場を完全に奪われ、発表するあてもなく作品を書き続け、失意のうちに亡くなった作家である。しかし彼の場合は、再び時代に試され、勝利した。「原稿は燃えないものだ[3]」という、作家自身の言葉どおり、ブルガーコフは死後、数十年を経て名誉回復を果たし、現代では二十世紀を代表する作家のひとりとして読み継がれている。作家ブルガーコフの作品は甦ったのだ。

ここでなぜ、ブルガーコフの例を挙げたのかといえば、彼のいう《臆病》こそは、人間に内在する《良心》をたやすく押し潰し、人を罪や恥に導いてしまうものだからであり、《良心》が《臆病》に打ち克つよう行動できる真に勇敢な人間は、実に稀有な存在であることを思い起こすためである。

ブルガーコフ、ショスタコーヴィチと同様、モラルと自尊心、そして良心を守り抜く力を有していたロストロポーヴィチが試され、彼に試練が訪れたのは、芸術家への思想統制が猖獗を極めた一九四八年の《ジダーノフ批判》の折、そして一九七〇年代のブレジネフ政権下、いわゆる《停滞の時代》と重なる。その軌跡のまずは第一の試練について、ロストロポーヴィチの語ることに耳を傾けてみよう。

3　ソ連共産主義の欺瞞に気づく

いまだモスクワ音楽院の院生だったロストロポーヴィチが、最初に母国の共産主義体制に疑問と驚きを覚えたのは、一九四八年、党機関紙『プラウダ（真実）』を通してであった。次のように回想している。

当時、私は、まだ政治的な思想も明確ではなく、学生気分でいました。しかし、一九四八年の二月十日、「音楽における形式主義に反対する」という党中央委員会の決定が機関紙『プラウダ』に掲載されました。驚いたことに、私の師ショスタコーヴィチや尊敬するプロコフィエフが反人民的作曲家として批判されているではありませんか。彼らは、芸術上、もっとも重要な「内容」ではなく、音楽の「形式」ばかりを重視する《形式主義者》だ、と弾劾されていました。この二人の作曲家は、私が尊敬してやまない存在でしたし、ショスタコーヴィチもプロコフィエフも天才であることに疑念の余地はありません。なぜそんなことがありえるのか、と考え込んでしまいました。〔…〕このような共産主義の傾向は、全世界から才能を奪う過ちであると私は悟ったのです。共産主義体制の下では、芸術ばかりでなく、あらゆる領域で豊かな才能が育まれたことも事実です。当時の共産主義国家は世界に誇れる才能、たとえば、偉大な作家、天才的アーティストや世界記録を出すスポーツ選手を、国の威信にかけて全世界に誇示しようとしました。ですから、そういう人物を育成する英才教育を徹底させたのです。音楽の領域について言えば、世界最高の音楽教育は当時のソ連にあったと、私は今でも確信しています。フランス、イタリア、日本、アメリカなどのいわゆる西側諸国における音楽教育事情も私は知っています。が、やはり、当時のソ連の教育水準は群を抜いていました。しかし、当時の共産主義は、世界最高の水準にまで育て上げた才能を、国家の広告塔のように利用し、自由な活動を許容しませんでした。国家のために尽くさなければ、活動の場を制限したり奪ったりして、叩き潰したのです。

ショスタコーヴィチは当時から著名な作曲家であったが、かえってそのために、国家への奉仕、スターリン礼賛の交響曲を創ることを要請される。しかし、良心がそれを許さなかった。ショスタコーヴィチもまた、スターリンの要請に天才的な諷刺や傑作なユーモアで応じ、幾度も批判にさらされては、およそ三十年にわたる作品の演奏・上演禁止という憂き目に遭う。ショスタコーヴィチの場合、「創り出す音楽は政権への手紙であり、音楽という手段で、自身の正しさを証明する必要があったのです」とロストロポーヴィチは言う。恩師ショスタコーヴィチと体制との闘いを目の当たりにし、「苦しみ――たとえそれが理不尽な苦しみであろうとも、苦しみは人に力を与える」ことも、ロストロポーヴィチは学んだと言う。

体制から批判を受けるショスタコーヴィチから、かつての知人・友人は、徐々に距離をおくようになる。彼が孤立していくなかでロストロポーヴィチだけは、それまでと変わらず、つねに恩師に寄り添い、音楽活動をともにしたのだった。

これが、ロストロポーヴィチの良心が試された第一の契機である。当時、反人民的作曲家の烙印を押された人物と交流を続けるばかりか、音楽活動もともに行なうなどということは、相当の覚悟と勇気がなければ為し得ないことであった。

さらに一九五〇年、ロストロポーヴィチはプラハ国際音楽祭で、初めてドヴォルザークのチェロ協奏曲を演奏した。このとき彼が実感したのは、チェコスロヴァキアの大地を愛するチェコの人々の魂の叫びであり、また、ヤン・フス、スメタナ、ドヴォルザークの体験した故郷の悲劇と故国の解放への渇望であったという。そのため、それから十八年たった一九六八年、ソ連軍(ワルシャワ条約機構軍)によるプラハ侵攻(「チェコ事件」)が起こると、ロストロポーヴィチは政治的な批判からではなく、チェコスロヴァキアの人々への同情と共感から、祖国ソ連への抗議の証として、それ以後チェコスロヴァキアでの演奏活動は一切行なわないと断言する。再びプラハを訪れ、あの祖国愛の象徴であるドヴォルザークのチェロ協奏曲をロストロポーヴィチが演奏したのは一九九一年、東欧諸国が民主化革命を経て自由を取り戻した二年後、そしてソ連邦が崩壊した年のことである。

チェコスロヴァキアの人々にとってのドヴォルザークの音楽の意義、そして彼らの祖国に対する思いを、我がことのように感じ取り、共感し、同情するイマジネーションの豊かさもまた、ロストロポーヴィチの良心の一部であり、彼の演奏が聴衆を感涙に至らしめる要因なのだろう。

4　愛犬とチェロとともに

ここで、ロストロポーヴィチの良心が決定的に試された第二の事件の要因となった人物を、紹介しておきたい。

アレクサンドル・ソルジェニーツィン。一九四五年、スターリンへの揶揄を含む手紙を友人に書いた罪で逮捕、強制労働収容所に送られ、刑期をつとめあげるも、旧カザフ共和国に永久追放。一度は名誉回復を果たすが、一九六九年、反ソ的イデオロギー活動を行なった罪で作家同盟を除名された。ソ連の強制労働収容所の実態を赤裸々に描き出した小説により世界を驚嘆させ、翌年、ノーベル文学賞を受賞するが、さらなる告発の書『収容所群島』がパリで出版されたことが売国行為と糾弾され、一九七四年に国外追放。一九九四年、二十年ぶりに新生ロシアの土を踏んだ。作家の責務を「真実の追求」にあるとし、そのためには死をも受け入れる、という言葉そのままの人生を送った作家である。

ロストロポーヴィチは、この偉大な作家とも、深い親交を結ぶことをまったく恐れなかった。ロストロポーヴィチの妻ヴィシネフスカヤもまた、ソルジェニーツィンを温かく迎え入れた。ロストロポーヴィチは次のように回想している。

ソルジェニーツィンとの出会いは、私のすべてを変えてしまいました。この出会いは、神の導きによるものだったのでしょう。どこか、不思議な何かを感じずにはいられません。私がソルジェニーツィンに出会ったとき、彼は生きること自体が困難な状態で、モスクワから遠く離れた、とても人間が住めるようなところではない劣悪な環境にいました。［…］寒風の吹きすさぶ中、彼は毛布もなく、何枚も上着を重ね着しただけで震えていたのです。私は、ソルジェニーツィンに言いました。「私の家に行こう。暖房もあるし、人間的な生活ができるのだから」。こうして、彼は私たちのところへやってきたのです。私が、本当の意味で良いことをしたと言えるのは、これが初めてのことでしょう。私と妻は彼を大切な友人として迎え、一九六八年から五年間、一緒に暮らしました。これは危険な行為だったのでしょうね。当局は、私と妻ヴィシネフスカヤが共謀して、国家に抗議行動を行なっているとみなしたようです。しかし、これは、人間として当たり前の行為ではないでしょうか。選択の余地や迷う暇もありませんでした。やがて、当時の内務大臣がソルジェニーツィンを追い出せと言ってきました。これを断固、拒否した結果、一九七四年、私は故国を棄てざるを得なくなったのです。

こうしてロストロポーヴィチは、愛用のチェロを携え、愛犬クージャだけを連れて、ロンドンに降り立つことになった（妻と二人の娘は後にパリで合流している）。当時、彼はソ連国内での演奏の場をことごとく奪われていたが、国を追われたこの偉大な音楽家を世界は歓迎した。ロンドン、パリ、ワシントンと次々に演奏する機会に恵まれ、西側の聴衆は、ロストロポーヴィチの感情の発露と自己への沈潜とが混淆し、さらなる深みを増した演奏に多いに魅了され、心動かされたという。かつて、ロストロポーヴィチが、侵略を受け続けたチェコスロヴァキアの人々の痛みと自由への渇望に強く共感し、身が引き裂かれんばかりの思いを体験した時のように、世界の聴衆が、祖国を追われた芸術家の魂の叫びを目の当たりにしたのだ。

ソ連当局は、ロストロポーヴィチ夫妻を国外に追いやったばかりではなく、その四年後、ソ連国籍を剥奪した。そのときの夫妻の衝撃と怒り、悲しみの伝わってくる言葉を引こう。

　そのときのことを私も妻もはっきり覚えています。一九七八年三月十五日午後八時、パリで、テレビのニュースで自分たちが国籍を失ったことを知りました。こういう衝撃的な瞬間は生涯においても、決して忘れることはありません。ニュースは、私たちがもう二度と祖国に戻れなくなったと伝えていました。死ぬまで、もう二度と、祖国には帰れない。私たちは、「人民の敵」と宣告されましたが、その時、これを耐え忍ぶ勇気をどうにか奮い起こしたことだけは覚えています。ですから、生きて祖国の土を踏む事はもはやないと諦める気持ちのほうが強かったのです。

妻ヴィシネフスカヤの言葉は、より力強い。

　私たちは、このことを決して認めませんでした。ソ連の大地は、当局のものではなく、私たちの大地なのです。神から授かった私たちの大地を奪うことなど、何人もできるはずがありませんから。

5　再び祖国の大地を踏む

こうして、作家ソルジェニーツィンを匿ったうえに、引き渡しを拒否したために、ロストロポーヴィチ夫妻は国外追放と国籍剝奪という悲劇に見舞われた。しかし、思い起こすべくは、ロストロポーヴィチがソルジェニーツィンとの出会いを神の恩寵と捉え、自らが大きな犠牲を払うことになってなお、ソルジェニーツィンへの支援を「本当の意味で、はじめて行なった善行」あるいは「人間として当然の行為」と感じていたことだ。これは、やがて最終的にソ連国家が非を認め、ソルジェニーツィンとロストロポーヴィチの正義が勝利したがゆえの言葉ではないのか、と思う向きもあるだろう。

しかし、将来的にどのような結果が待ち受けているかを的確に予測できる者などいない。天才チェリストといえども、予知能力はない。むしろ、それだからこそ、打算のない心、ただただ良心に耳を傾け、自らの良心に恥じぬよう行動できる勇気は本物であり、このような人物がこの世に実在したのだと知るだけでも、私たちは希望を与えられるのではないだろうか。

さらに、ロストロポーヴィチの他者を慮る気持ち、良心に忠実に行動する力はこれに留まらなかった。一九八〇年代後半、ゴルバチョフ書記長（当時）による民主化に向けての改革は、ソ連当局や社会主義イデオロギーの力を弱体化させることになる。それまで衛星国として支配を受けていた社会主義陣営の東欧諸国に民主化革命が次々と起こる。一九八九年には、ついに、東西冷戦の象徴であったベルリンの壁が崩壊した。

このとき、ロストロポーヴィチは『そうせよ』という魂の声が聞こえた」と言って、ためらいもなく、愛用のチェロを持ってパリからベルリンに駆けつけた。そして、「壁を超えて希望を持ち込んだ人々のために」、また、「神に感謝の祈りを捧げるために」、崩壊しかけた壁の前で、バッハの無伴奏チェロ組曲を演奏し始めたのである。このときの姿は、《ベルリンの壁崩壊》の一つの象徴として、皆の記憶に刻まれることになった。ロストロポーヴィチは、抑圧を受け虐げられてきた人々の犠牲と、自由を勝ち取った人々の勇気に共感し、敬意を表さずにはいられなかったのだろう。

破壊されるベルリンの壁の前で

しかし、すでに還暦を過ぎていたロストロポーヴィチが、良心の声のおもむくままに駆けつけたのは、歓喜と犠牲の痛みを分かち合うベルリンの壁ばかりではなかった。一九九〇年、夫妻はソ連国籍と名誉を回復し、実に十六年ぶりにソ連の大地を踏むことができた。この時、数多のソ連市民がロストロポーヴィチ夫妻の勝利の喜びを分かち合い、これを祝福するためにモスクワの空港に集まった。夫妻の姿を確認すると、市民の間からさざ波のように拍手が起こり、やがて大歓声で夫妻は迎えられたのである。だが、翌年、ソ連国内でも民主化の

民主化を求めての闘いでは小銃を手にした

進むなか、この動向に抗い、旧体制への回帰を目論む一派によるクーデターが起きた。

この時、ロストロポーヴィチが駆けつけたのは、ホワイトハウスの異名をとる当時のロシア最高会議ビルであった。ここが、クーデターに反対するエリツィン陣営の拠点となり、民主化を推進しようというソ連市民たちがバリケードを構築した場となったためだ。このビルに立て籠り、民主化を標榜する市民のためにロストロポーヴィチは熱弁をふるい、この時ばかりは音楽によってではなく、言葉と行動によって闘った。このとき手にしていたのは愛用のチェロではなく、護身用の小銃であった。一度は祖国を追われたロストロポーヴィチが、以前のような非人道的な国家への逆戻りを決して許したくないと思った強い願いと怒り、そして覚悟が窺えよう。

6　ペガサスが天空を駆け巡る

一九九一年八月のクーデターの失敗とともに、ロストロポーヴィチの良心を試し続け、彼を苦しめてきたソ連邦は崩壊し、民主化に向けて模索する道へと向かう。

こうして、ロストロポーヴィチが国境もイデオロギーも超えて、ロシア国内でも海外でも自由に音楽活動に従事し、その幅を拡げ、好きなだけ良心の声に従って活動できる日が現実のものとなったのである。

その卓越した技巧や感情豊かな表現力に支えられ、色彩豊かでエネルギーに満ちた音を繰り出すロストロポーヴィチの音楽は、さながら「ペガサスが天空を駆け巡るよう」と喩えられてきた。そしてもう一つ、ロストロポーヴィチの演奏が言葉では表せない凄絶なまでの表現力で私たちを感動させずにおかないのは、まぎれもなくその音楽が、他者に共感する力と良心の声に支えられているからに他ならない。

ロストロポーヴィチは、生前、チェロの演奏についてこのように語っている。

楽譜とは、作曲者から演奏家へ宛てられた手紙です。手紙には、作曲者の感情や思いが綴られていて、たとえば、「私は今、とても辛い。人生とはなんと哀しいものなのか。私の人生はこのまま終わってしまうのか」といったようなことが書かれています。楽譜を暗譜すると、次に作曲家の顔が浮かんできます。曲を演奏するときには、作曲者がこの曲を書いていたときの心が感じられるのです。演奏家は演奏しているときに、その作曲者になりかわり、完全にその作曲者の気持ちになって演奏せねばなりません。その作品を演奏することで、作曲者の心を聴衆に伝えることが私の使命なのです。そして、音楽を通してみんなが一つの心を共有すること、私の求めているのはそれなのです。

このように、ロストロポーヴィチは楽譜を通して作曲者に共感し、その気持ちを汲み、さらにそこから紡ぎだされる音楽によって聴衆と一体となっていた。芸術活動や思想の統制、当局からの弾圧から解き放たれたとき、以前にも増して自由に、力強く、ペガサスは天空を駆け巡り、二〇〇七年四月二十七日、そのまま天を駆け昇って行った。享年八十。

作家ソルジェニーツィンはこれを見送って、翌年、すべての仕事をやり遂げて眠りに就くかのように、ロストロポーヴィチのもとへ去って行った。享年八十九。

音楽の才能と良心に生きる果敢さを持ち合わせたロストロポーヴィチは、人権擁護の活動で一九七四年に国際人権連盟賞、一九八五年にアルベルト・シュヴァイツァー賞、一九九三年には高松宮殿下記念世界文化賞（音楽部門）を授与されるなど、挙げていけばきりがないほど数多くの賞を受賞している。だが、芸術の営みや個人の良心は、賞の数で測れるものではない。いまだロストロポーヴィチの音楽に触れたことがない読者には、CDやDVDに残された音をぜひとも体験してほしい。作曲者の心が伝わってくるのか、ロストロポーヴィチの魂の叫びや良心の気高さが伝わってくるのか、あるいはすべてが私たちのもとに届くのか、それは、作曲者とロストロポーヴィチと聴き手である私たちとの共同作業に委ねられることになるが、作曲者とロストロポーヴィチの思いや感情を私たちが追体験し、これに共感する体験が得られたならば、それは幸福なことである。

国境も民族もイデオロギーも時代も超えて、真に国際的に通じ、共有できる人間関係の営みは、実に、「良心をもって、ただ良心に耳を傾けて行動する」ことによってのみ可能になるのではないか。良心に従うことこそが、人生に力を与えてくれるとロストロポーヴィチは確信していた。

最後に、いま一度、彼の声に耳を傾けてみよう。

この世に恐れるものなどないと私に教えてくれたもの、それは良心です。もっとも重要なことは、自身の良心の気高さを守ることです。どんな人にも、いつか必ず、良心という審判官と向き合う日がやってくるでしょう。とにかく、自らの良心にも基づいて生きることです。後で、自身の良心に照らして、反省せずに済むような生き方をしなくてはならないと思うのです。これは、きわめて重要なことです。ソ連時代は、友人を当局に密告して引き渡し、給料を上げてもらったり、新居を得たりすることもできました。［…］しかし、いつかそんな自分の行為を問い直さねばならない時が必ずきます。たとえば、自分が当局に売った友人が亡くなったとき、良心の呵責に耐えられなくなり、自分を許せなくなるでしょう。良心が自分を責めるのです。一方、良心に照らしてみて、自分の行為が正しかったと思えるような生き方をしていれば、良心は、自分の味方です。それどころか、自分の人生に力を与えてくれるような存在なのです。

■注

（1）「21世紀への証言　ムスティスラフ・ロストロポーヴィチ」（放送日一九九九年七月二十五日／NHK）：小林和男によるロストロポーヴィチ夫妻へのインタビューに基づく。なお、日本語訳は、ロストロポーヴィチ夫妻のロシア語から、一部筆者が訳した箇所がある。以下、注記のない引用は同番組のインタビューによる。筆者がこのドキュメンタリーに多く依拠したのは、他の複数の文献におけるインタビュー記事や内容と比較した結果、本番組でロストロポーヴィチが語る言葉がもっとも本論のテーマと重なる部分が多かったことによる。

（2）См. Фасмер М. Этимологический словарь русского языка (3-е изд.). СПб., 1996.
Даль В. Толковый словарь живого великорусского языка. СПб.–Москва, 1912 (Nauka reprint, 1984).

（3）ブルガーコフの二つの台詞はいずれも、長篇小説『巨匠とマルガリータ』に登場する。

■推薦図書

クロード・サミュエル編『ロシア・音楽・自由』田中淳一訳、みすず書房、一九八七年

ロストロポーヴィチ夫妻がパリに拠点を移していた時期に、編者が二人にインタビューした内容の記録。一九八三年パリ発行という背景もあり、夫妻の発言は、ソ連の体制や体制寄りだった音楽関係者を批判する傾向が強い。この時代の亡命者の発言として、夫妻の声に耳を傾けたい一冊である。

ソフィア・ヘントヴァ『ロストロポーヴィチ伝』吉田知子訳、新読書社、二〇〇五年

ショスタコーヴィチの伝記も手がけた作者による、ロストロポーヴィチ伝。事実に忠実に詳細なデータを交えつつ、ロストロポーヴィチの人生のはじまりから、再度、祖国の土を踏むまでを通時的に綴っている。訳者があとがきとして記した「ロストロポーヴィチの親日家ぶり」も面白い。

アレクサンドル・イヴァシキン編『ロストロポーヴィチ』秋元里予訳、春秋社、二〇〇七年

本の構成がコンサートのプログラムの枠組みとなっており、編著者みずからが、それぞれの章を「作曲」もしくは「編曲」したという設定で、ロストロポーヴィチの音楽活動、人柄、エピソード、ソ連の体制との対決、伝記的要素が綴られている。

エリザベス・ウィルソン『ロストロポーヴィチ伝——巨匠が語る音楽の教え、演奏家の魂』木村博江訳、音楽之友社、二〇〇九年

一九七四年、ロストロポーヴィチがソ連を追われるまでの軌跡を、音楽活動に焦点をあて、著者によるロストロポーヴィチのインタビューを交えながら辿っている。チェリストの全体像と人間関係を知るには最良の一冊。

ソロモン・ヴォルコフ『ショスタコーヴィチの証言』水野忠夫訳、中公文庫、二〇〇一年

この本について話題になるのは、その真贋論争のことであろう。ショスタコーヴィチの述べたことを著者が書き留めた口述筆記の方法をとり、ショスタコーヴィチ自らもこれを読んで署名を入れたとされるが、ショスタコーヴィチの妻をはじめ、親族は、これをヴォルコフの創作とみなし、受け入れなかった。しかし、ソ連体制がいかに芸術家たちの活動を制限し、彼らの精神を蝕んでいくかが生々しく描写される本書は、真贋の如何を超えて、読んでおくべき一冊だ。これを読むことで、ショスタコーヴィチの交響曲の解釈が容易になるだろうし、彼の味方であり続けた弟子ロストロポーヴィチの味わった艱難辛苦がどれほどのものであったかが伝わってくる。

〈DVD〉

Beethoven The Cello Sonatas: Rostropovich & Richter（EMI classics/ TOBW93018）一九六六年

ロストロポーヴィチとリヒテルの奇跡のようなデュオによる、ベートーヴェンのチェロ・ソナタ一番から五番までを収録。互いに個性の強いソリストだが、互いに抑制をきかせた、研ぎすまされた音と、互いに一体化しているかのごとく息のあった呼応ぶりには驚きを禁じ得ない。

ロストロポーヴィチ　芸術と人生（ユニバーサルミュージック株式会社／UCBG1253）一九七五年

シューマン『チェロ協奏曲イ短調作品一二九』、ブロッホ『ヘブライ狂詩曲』は、バーンスタイン指揮のフランス国立管弦楽団とともに、また、リヒャルト・シュトラウス『交響詩《ドン・キホーテ》』は、カラヤン指揮のベルリン・フィルハーモニー管弦楽団と共演。特典映像として、ロストロポーヴィチが音楽の良心について語るドキュメンタリーも楽しめる。

Dvořák Saint-Saëns Cello Concertos（EMI classics/ TOBW93045）一九八二年

ドヴォルザーク『チェロ協奏曲　ロ短調作品一〇四』とサ

ン＝サーンス『チェロ協奏曲第一番イ短調作品三三』を、カルロ・マリア・ジュリーニ指揮のロンドン・フィルハーモニーと共演。ドヴォルザークのチェロ協奏曲は圧巻。

Bach Cello Suites（EMI classics/TOBW3528・29）
一九九五年

バッハ『無伴奏チェロ組曲』が全曲、収録されている。冒頭では、無伴奏チェロ組曲の意義についてロストロポーヴィチ自らコメントし、作品ごとに解釈と解説を加えている。チェロを通しての神への祈りを思わせる。

〈映画〉

アレクサンドル・ソクーロフ監督『ロストロポーヴィチ　人生の祭典』（ロシア映画、二〇〇六年）

原題は、ソクーロフのエレジー・シリーズの一つとなる『人生のエレジー――ロストロポーヴィチ。ヴィシネフスカヤ』。ロストロポーヴィチとヴィシネフスカヤの人生の断片を映像、写真、インタビューを通して切り取り、その光と影を巧みにモンタージュしたドキュメンタリー映画。

〈テレビ番組〉

「21世紀への証言　ムスティスラフ・ロストロポーヴィチ」（放送日一九九九年七月二十五日／NHK）

ソ連の社会体制に抑圧を受けながらも、《良心》を大切に生きてきた人生を振り返るロストロポーヴィチ、妻ヴィシネフスカヤへのインタビューの記録。インタビューと解説は小林和男による。

「ウィークエンドスペシャル　わが人生はドン・キホーテ――巨匠ロストロポーヴィチ「最後」のリハーサル」（放送日二〇〇二年十一月三日／NHK―BS1）

ロストロポーヴィチと懇意にあった小澤征爾の指揮、サイトウ・キネン・オーケストラとの共演で、交響詩『ドン・キホーテ』の音楽に映像を載せて、その世界を創造しようとする試みを撮影・編集したドキュメンタリー。善と信じたことを貫き、闘いを続けたドン・キホーテの生き方には言うまでもなくロストロポーヴィチの人生が投影されるが、映像詩を創りあげる過程は見応えがある。

■関連情報

＊ロストロポーヴィチ国際チェロ・コンクール

一九七七年、ロストロポーヴィチにちなんで創設。若手チェリストの登竜門として、四年に一度、パリで開催される。生前は、ロストロポーヴィチが審査員長を務めていた。二〇〇九年（第九回）には、宮田大が日本人初の優勝を飾っている。

＊ショスタコーヴィチ記念館
ショスタコーヴィチ生誕百年にちなみ、サンクト・ペテルブルクに開設。作曲家が一九年間暮らしたアパートを弟子のロストロポーヴィチが買い取り、改装して、師匠のために記念館を創設した。日本のヤマハ音楽振興会、ヤマハ株式会社がオーディオ機器を寄贈している。

■執筆者紹介（所属はいずれも法政大学国際文化学部）

鈴木 靖（すずき・やすし） 教授。1959年生。中国芸能・中国語専攻。共著『台湾百科』（大修館書店），『暮らしがわかるアジア読本　中国』（河出書房新社），論文「旗人の入関と漢族大衆芸能の受容」（『東京都立大学人文学報』第198号）ほか。

大石智良（おおいし・ちよし） 元教授。1941年生。中国文学専攻。著書『故事と成語』（さえら書房），訳書 戴厚英『ああ，人間よ』（サイマル出版会），論文「魯迅「狂人日記」覚え書き」（法政大学第一教養部『紀要』第99号）ほか。

高柳俊男（たかやなぎ・としお） 教授。1956年生。朝鮮近現代史・在日朝鮮人史専攻。共著『東京のなかの朝鮮』（明石書店），『東京のコリアン・タウン』（樹花舎），論文「渡日初期の尹学準——密航・法政大学・帰国事業」（『異文化〈論文編〉』第五号）ほか。

北 文美子（きた・ふみこ） 教授 1968年生。アイルランド文学専攻。共著『ケルト口承文化の水脈』，共訳『ケルティック・テキストを巡る』（以上，中央大学出版部），「アイルランドの絵本——『メロウ』と笑い」（『文学空間』第Ⅴ期9号）ほか。

栩木玲子（とちぎ・れいこ） 教授。1960年生。アメリカ文学・文化専攻。訳書ジョイス・キャロル・オーツ『とうもろこしの乙女，あるいは七つの悪夢』（河出書房新社），トマス・ピンチョン『L. A. ヴァイス』（共訳，新潮社）ほか。

大西 亮（おおにし・まこと） 准教授。1969年生。ラテンアメリカ文学専攻。論文「幻想から現実参加へ——コルタサルの短篇作品におけるテーマの変遷」（『ラテンアメリカ研究年報』第27号），訳書アナ・マリア・マトゥテ『北西の祭典』（現代企画室）ほか。

吉川太惠子（よしかわ・たえこ） 兼任講師。1953年生。文化人類学専攻。論文 “From a Refugee Camp to the Minnesota State Senate: A Case Study of a Hmong American Woman's Challenge.”（*Hmong Studies Journal*），「時空を超える絆」（博士学位論文）ほか。

岡村民夫（おかむら・たみお） 教授。1961年生。表象文化論・ソシュール言語学専攻。著書『旅するニーチェ　リゾートの哲学』（白水社），『イーハトーブ温泉学』（みすず書房），『柳田国男のスイス——渡欧体験と一国民俗学』（森話社）ほか。

内山政春（うちやま・まさはる） 准教授。1965年生。朝鮮語学専攻。著書『しくみで学ぶ初級朝鮮語』（白水社），論文「「語基説」における「語幹」と「語基」」（『朝鮮半島のことばと社会　油谷幸利先生還暦記念論文集』明石書店）ほか。

佐藤千登勢（さとう・ちとせ） 准教授。ロシア文学専攻。著書『シクロフスキイ　規範の破壊者』（南雲堂フェニックス），『映画に学ぶロシア語』（東洋書店），共著『再考ロシア・フォルマリズム』（せりか書房）ほか。

国際社会人叢書 1
国境を越えるヒューマニズム

2013 年 3 月 25 日　初版第 1 刷発行

編　者　鈴木 靖／法政大学国際文化学部
発行所　財団法人　法政大学出版局
〒 102-0071 東京都千代田区富士見 2-17-1
電話 03（5214）5540　振替 00160-6-95814
組版　HUP　印刷　三和印刷　製本　根本製本
装丁　司 修

Printed in Japan

ISBN978-4-588-05311-5